東京国立博物館所蔵 重要考古資料学術調査報告書

重要文化財 西都原古墳群出土
埴輪 子持家・船

子持家（J－34661）〈修理後〉

1　全景〔A・C面〕

2　全景〔A面〕

子持家（J－34661）〈修理後〉

1　全景〔A面〕

2　全景〔B面〕

子持家（J-34661）〈修理後〉

1　全景〔C面〕

2　全景〔D面〕

船（J－21498）〈修理後〉

1 全景〔右舷側〕

2 全景〔左舷側〕

3 全景〔左舷側〕

船（J-21498）〈修理後〉

1　全景〔上面、下：正面〕

2　全景〔正面〕

3　全景〔背面〕

船（J-21498）〈修理後〉

1　全景〔右舷側〕

2　全景〔左舷側〕

3　全景〔右舷側〕

4　全景〔左舷側〕

5　全景〔左舷側〕

子持家（J-34661）〈修理前〉

1　全景〔A面〕

2　全景〔A・C面〕

船（J-21498）〈修理前〉

1 全景〔右舷側〕

2 全景〔右舷側〕

3 全景〔上面、右：正面〕

序　文

　東京国立博物館に収蔵されている重要文化財の船形埴輪と子持家形埴輪は、宮崎県西都原古墳群の第169号墳、直径45m、三段築成の円墳から発掘されたものである。その保存度のよい均整のとれた造型美から、これらの埴輪は歴史の参考資料として多くの出版物に紹介され、もっとも有名な埴輪なのである。

　宮崎県西都原古墳群は34基の前方後円墳を含む311基の大古墳群で、群中に陵墓参考地「男狭穂塚」古墳と「女狭穂塚」古墳を有し国の特別史跡となっている。

　1912(大正元)年12月から1917(大正6)年にいたる6年間、当時の宮崎県知事・有吉忠一氏の提唱により、東京帝国大学と京都帝国大学の考古学・古代史関係の教授たち12名と、宮内省・東京帝室博物館関係者2名、計14名によって、前後6回の調査が実施された。

　西都原第169号墳の調査は、第1年次の1912(大正元)年12月から翌年の1913(大正2)年1月にかけて行われ、宮内省の増田干信氏と帝室博物館の関保之助氏が担当した。

　調査の結果、墳頂部から家形埴輪・冑形埴輪などの器財埴輪が発見され、墳頂の周縁と裾部には円筒埴輪が並列していた。主体部は明確には検出できなかったが、鉄刀・刀子・鉄鏃・銅釧・珠文鏡・鉄斧・竹櫛などの副葬品が出土しているので、木棺直葬の可能性がある。この発掘で発見された器財埴輪の中に、船形埴輪と子持家形埴輪が存在していたものと思われる。関保之助氏が調査を担当していたので、発掘資料は東京帝室博物館に搬入された。埴輪類の整理が開始されたのは後藤守一氏の指摘によると1932(昭和7)年のことで、東京帝室博物館の収蔵庫内で新聞紙の梱包のまま埴輪片を発見したことに始まる。発掘後、約20年という年月があるが、船形埴輪と子持家形埴輪の復元整理は、帝室博物館の松原正業(岳南)氏が担当された。

　船形埴輪と子持家形埴輪のうち、船形埴輪の復元が1935(昭和10)年春には完成していたことは後藤守一氏の報告で確実であり、1940(昭和15)年8月8日には東京帝室博物館の列品に編入されているので、これまでには子持家形埴輪の復元も完成していたと思われる。

　東京国立博物館では、1999(平成11)年に平成館の新築開館が予定され、考古の常設展示や収蔵庫への展示品の移動・運搬の準備を進めていたところ、予定していた重要な展示品である宮崎県西都原古墳群出土の船形埴輪と子持家形埴輪の劣化が著しく、崩壊の危険があり移動も困難という事態になったため、「西都原古墳出土埴輪修理指導委員会」を設置して修理・復元の方針や方法を検討することになったのである。

　この修理指導委員会は、委員9名、オブザーバー3名、事務局として東京国立博物館側は学芸部長以下7名があたり、1997(平成9)年6月13日に第1回修理指導委員会を開催し、1999(平成11)年8月4日の第4回委員会をもってその任務を終了することができた。

なお、東京国立博物館側では、修理の対象とする埴輪の劣化状況を把握しておく必要性から、1996(平成8)年にX線撮影の実施、実測図作成に取り組んでいるから、4年間に及んだ仕事であったということになる。

　このたびの西都原第169号墳出土の船形埴輪と子持家形埴輪の保存修理は、この著名な埴輪類の解体から再接合をへて復元する事業であり、1930年代における東京帝室博物館の復元修理の水準を伺うという一面があった。言葉をかえていえば、松原正業氏の復元技術とその成果を評価するということでもあった。

　東京国立博物館が収蔵する埴輪類のほとんどは、松原正業氏の手による復元修理と言われていたから、今回の埴輪の解体とクリーニングと再復元の過程は注目するところであった。

　1997(平成9)年の第1回保存修理委員会の席上で、前年のX線写真撮影と実測図作成の結果が報告され、その高度な復元技術と正確な破片資料の接合ぶりは驚嘆するほどの内容であった。不確実な接合は一箇所もなく、松原正業氏の復元修理が実に事実に忠実な、完璧な復元であったことを知ったのである。

　西都原古墳群第169号墳出土の船形埴輪と子持家形埴輪は、正確に復元修理されていることが明白となった。この事実は東京国立博物館の埴輪復元への信頼性を一層高めることになったと思われる。

　1997(平成9)年から1999(平成11)年に及ぶ3年間の修理指導委員会における各委員ならびにオブザーバーと事務局各位の真剣な討議と、修復にあたられた繭山隆司氏のご努力にこの場をかりて、心からあつく御礼を申し上げたいと思う。

　2005年3月

修理指導委員会　委員長　大塚初重

目　次

序　文　1

第1章　修理に至る経過 ……………………………………………………………… 7
1）西都原古墳群と西都原古墳群出土埴輪　7
2）修理指導委員会　8
3）保存修理経過　11

第2章　保存修理──事前調査と調査方法── ……………………………………… 13
1）修理前の状態　13
2）解体・復元と調査の過程　20

第3章　調査成果──解体調査と修正点── ………………………………………… 25
1）子持家形埴輪　25
2）船形埴輪　39

第4章　子持家形埴輪・船形埴輪の考古学的検討 ………………………………… 47
1）研究略史　47
2）製作工程と形態の特質　48
3）形象埴輪の構造と表現　49

第5章　西都原古墳群出土の家形埴輪 ……………………………………………… 53
1）家形埴輪（J-34662）　53
2）家形埴輪（J-34664）　56
3）家形埴輪（J-34663）　61

第6章　まとめ ………………………………………………………………………… 67

付編Ⅰ　X線透過撮影調査 ……………………………………………………………… 69

付編Ⅱ　西都原古墳群出土子持家形埴輪の調査 ……………………………………… 71

写真図版 ………………………………………………………………………………… 73

挿 図 目 次

第1図	子持家形埴輪側面図［修理前］（A面・B面）〔S＝1/6〕	14
第2図	子持家形埴輪側面・断面図［修理前］（C面・D面・A-B断面）〔S＝1/6〕	15
第3図	子持家形埴輪上面・断面図［修理前］（上面・C-D断面）〔S＝1/6〕	16
第4図	船形埴輪側面・上面図・下面図［修理前］（左舷側・上面・下面・右舷側）〔S＝1/6〕	18
第5図	子持家形埴輪上面・側面・断面図［修理後］（上面・A面・C-D断面）〔S＝1/4〕	27
第6図	子持家形埴輪上面・下面図［修理後］（上面・下面）〔S＝1/4〕	29
第7図	子持家形埴輪側面図［修理後］（B面）〔S＝1/4〕	31
第8図	子持家形埴輪側面図［修理後］（付属屋a背面・C面）〔S＝1/4〕	32
第9図	子持家形埴輪側面図［修理後］（付属屋b背面・D面）〔S＝1/4〕	33
第10図	子持家形埴輪断面図［修理後］（A-B断面）〔S＝1/4〕	34
第11図	子持家形埴輪内面図［修理後］（A面・B面）〔S＝1/4〕	35
第12図	子持家形埴輪内面図［修理後］（D面・C面・付属屋c-A面）〔S＝1/4〕	36
第13図	子持家形埴輪内面図［修理後］（付属屋a-背・C・A・D面、付属屋b-背・D・B・C面）〔S＝1/4〕	37
第14図	船形埴輪側面・上面図［修理後］（左舷側・上面）〔S＝1/4〕	40
第15図	船形埴輪側面・下面図［修理後］（下面・右舷側）〔S＝1/4〕	41
第16図	船形埴輪内面・断面図［修理後］（横断面・右舷側・甲板下面）〔S＝1/4〕	42
第17図	船形埴輪内面・断面図［修理後］（船底面・左舷側・横断面〈横断面のみ修理前〉）〔S＝1/4〕	43
第18図	船形埴輪側面・断面図［修理後（下段）・修理前（上段）］（正面・背面・縦断面）〔S＝1/4〕	44
第19図	家形埴輪（J-34662）上面・側面図［修理後］（上面・A面・B面）〔S＝1/5〕	54
第20図	家形埴輪（J-34662）側面・断面図［修理後］（C面・D面・A-B断面D面・水平断面・C-D断面A面）〔S＝1/5〕	55
第21図	家形埴輪（J-34664）上面・側面図［修理後］（上面・A面）〔S＝1/5〕	57
第22図	家形埴輪（J-34664）側面図［修理後］（D面・B面）〔S＝1/5〕	58
第23図	家形埴輪（J-34664）側面・断面図［修理後］（C面・C-D断面A面）〔S＝1/5〕	59
第24図	家形埴輪（J-34664）断面図［修理後］（A-B断面C面、水平断面）〔S＝1/5〕	60
第25図	家形埴輪（J-34663）上面・側面図［修理後］（上面・C面）〔S＝1/5〕	62
第26図	家形埴輪（J-34663）側面図［修理後］（A面・B面・D面）〔S＝1/5〕	63
第27図	家形埴輪（J-34663）内面・断面図［修理後］（C-D断面A面・水平断面・A-B断面C面）〔S＝1/5〕	64
第28図	家形埴輪（J-34663）内面図［修理後］（屋根部）〔S＝1/5〕	65

例　言

1. 当館では、収蔵している考古遺物のうち、とくに重要なものについては、外部の研究者の協力を得て、詳細な調査研究を実施している。その成果は『東京国立博物館所蔵重要考古資料学術調査報告書』として刊行し、平成13年度には『瓦塔・鴟尾』を刊行した。また、同様な経緯で平成4年度にも『江田船山古墳出土　国宝銀象嵌銘大刀』を刊行している。

2. 本書は、当館蔵宮崎県西都市西都原古墳群出土埴輪のうち、平成9～11年度に解体修理を実施した重要文化財「子持家形埴輪（J-34661）」・「船形埴輪（J-21498）」に関する修理および調査の成果を報告するものである。なお、平成10～11年度に修理を実施した当館蔵同古墳群出土家形埴輪3個（J-34662・34663・34664）の解体修理調査報告を併載した。

3. 重要文化財の子持家形埴輪および船形埴輪の修理に際しては、その類をみない造形と資料的、美術的重要性に鑑み、修理指導委員会を設置した。委員会は、解体調査における事実関係の確認や復元案の検討を行うために、学識経験者・文化庁および文化財保護審議委員会関係者・修理および現地遺跡関係者（オブザーバー）・所蔵担当者で構成し、調査・修理事業の進行にしたがって適宜、開催した。

4. 解体調査は、主に松浦宥一郎（東京国立博物館文化財部上席研究員・元学芸部考古課原史室長［当時、以下同じ］）・古谷毅（同保存修復課主任研究員・元原史室主任研究員）が担当し、随時、犬木努（大谷大学助教授・元原史室研究員）・安藤広道（慶應義塾大学助教授・元原史室研究員）が携わった。また、実測図の作成は、米川祐治（奈良県立橿原考古学研究所・元原史室事務補佐員）・君島利行（鳥取県教育委員会・元原史室事務補佐員）・赤坂亨（福岡市教育委員会・元原史室事務補佐員）があたり、一部を安藤が行った。図面の追加・補足・補正には、榊原智之（日本大学大学院）・深澤太郎（國學院大學大学院）・山田俊輔（早稲田大学大学院）があたった。

    また、X線透過撮影調査は、青木繁夫（東京文化財研究所国際保存修復協力センター長・元東京国立文化財研究所保存修復部第3修復技術室長）・犬竹和（同第3修復技術室）が担当した。写真撮影は、主に塩野直茂（故人・元東京国立博物館資料部写真室長）・村松徹（文化財部展示課映像作製室長・元資料部写真室員）が行い、一部は犬木・安藤が行った。写真の焼付けは藤瀬雄輔（同映像作製室員）が担当した。

5. 執筆分担は、次のとおりである。第1・6章―松浦、第2～4章―古谷、第5章―米川。また、実測図のトレース・版組は、主に山田が行い、一部を米川が補佐した。なお、付編として、青木氏によるX線透過撮影調査報告と宮本長二郎氏（東北芸術工科大学教授・元東京国立文化財研究所国際修復技術協力センター長）の子持家形埴輪に関する考察を掲載した。

6. 本書の作成にあたっては、以下の方々の協力を得た。
    太田雅晃、中尾麻由実、三木麻里、渡邊マリカ

7. 本書の編集は、松浦・古谷が行い、出版企画室（浅見龍介・森田礼子）が補佐した。

凡　例

1．法量の単位は、mm、cm である。また、数量の幅は「〜」で表示する。
2．挿図の縮尺は、子持家形埴輪と船形埴輪を修理前1/6、修理後1/4、その他の家形埴輪を修理後1/5で統一した。
3．写真図版は、頁(プレート)ごとに見出しを付し、通し番号を「PL」で表示した。また、プレート内は、キャプションの前に、通し番号で枝番を付した。見出しは、名称の後に、（　）内に列品番号・〈　〉内に修理状況（修理前・修理中・修理後）を記した。キャプションは、埴輪の各部位名称（屋根等）と箇所（B面側壁等）を表示した後に、〔　〕内に撮影方向ないし細部名称を記した。
4．各部の部分名称については、第2章-(1)を参照のこと。なお、子持家形埴輪・船形埴輪をそれぞれ「子持家」「船」と表記する場合がある。
5．本文と写真図版の対応は、文章中の［　］内に、プレート番号および枝番号を、ハイフンでつないで表示した。

第1章　修理に至る経緯

1）　西都原古墳群と西都原古墳群出土埴輪

　西都原古墳群は、宮崎県西都市市街西方にある標高60mの台地上に所在する。南北約4km、東西1.5kmの地域にわたって、前方後円墳34基、方墳1基、円墳276基で311基という多数の古墳が南北方向に分布しており、古くから南九州地域における一大古墳群として知られてきた。これらの古墳の調査は、1912～17（大正元～6）年まで6回にわたって黒板勝美・今西龍・柴田常恵・鳥居龍蔵・原田淑人（東京帝国大学）・坂口昂・濱田耕作・梅原末治・小川琢治・島田貞彦・内藤虎次郎・原勝次郎（京都帝国大学）・増田干信（宮内省）・関保之助（東京帝室博物館）らが実施した。なお、この調査以前に1871～1888（明治4～21）年まで日本に滞在したW・ゴーランドが古墳群中の「鬼の窟古墳」の略測図を残している。

　調査された古墳は、第1次の第202号墳（姫塚）・第72号墳（一本塚）の2基の前方後円墳のほか、第171号方墳1基、第51・70・71・73・169・170・205・207・274号墳の9基の円墳をはじめ、前方後円墳5基のほか28基に及び、学史的に重要なものとなった。

　このうち、第169号墳から他に類をみない船形埴輪と子持家形埴輪が出土した。第169号墳は、男狭穂塚古墳の西方に隣接し、その陪塚とされる径45m、高さ7.6mの周溝をもつ円墳で、現在では「飯森塚」と称されている。1912（大正元）年の第1次調査において、関保之助・増田干信によって発掘され、墳丘裾部と墳頂平坦部の端に埴輪列、その間の墳丘斜面に葺石が検出された。墳頂部では家形埴輪・冑形埴輪等の器財埴輪片が出土し、埋葬施設は検出できなかったが、鉄刀・刀子・鉄鏃・銅釧・珠文鏡・鉄斧・竹櫛等の副葬品と考えられる遺物が出土した。

　墳頂部から出土した埴輪片は、昭和に入って1932（昭和7）年頃から松原正業（岳南）氏によって、後に重要文化財指定された今回修理物件の船形埴輪と家形埴輪に復元されたのである。なお、船形埴輪は、後藤守一によると第169号墳と第170号墳の出土埴輪の区分が必ずしも明確ではなく、第170号墳出土の可能性もあるとしている。

　いずれも1940（昭和15）年8月8日付で東京帝室博物館（現在の東京国立博物館）の列品に編入され、1957（昭和32）年2月8日付で重要文化財に指定された。

　なお、1995（平成7）年度から始まった文化庁の5ヵ年事業である「地方拠点史跡等総合整備事業（歴史ロマン再生事業）」に伴って、宮崎県教育委員会により1998（平成10）年度に第169号墳と第171号墳の墳丘の発掘調査が実施され、各々埴輪列・葺石・周溝等が検出された。重要文化財となった船形埴輪と子持家形埴輪が出土した第169号墳では、大正年間の調査で発見された墳頂および墳頂中ほどの円筒埴輪列に追加して、墳端に近い位置で円筒埴輪列が確認された。

参考文献
『宮崎県児湯郡西都原古墳調査報告』　宮崎県　1921（大正10）年

『宮崎県西都原古墳調査報告書』　宮崎県　1923(大正12)年

『宮崎県史蹟調査報告』　宮崎県編　1924(大正13)年

『西都原史蹟調査報告書』　宮崎県　1926(昭和元)年

後藤守一「西都原発掘の埴輪船(其一)」『考古学雑誌』第25巻第8号　1935(昭和10)年

後藤守一「西都原発掘の埴輪船(其二)」『考古学雑誌』第25巻第9号　1935(昭和10)年

『宮崎県西都原古墳調査報告書』　西都市教育委員会西都原古墳研究所　1982(昭和57)年

石川悦雄編『西都原発掘75周年展図録』宮崎県総合博物館　1988(昭和63)年

『特別史跡西都原古墳群』発掘調査・保存整備概要報告書(Ⅳ)　宮崎県教育委員会　1999(平成11)年

2）修理指導委員会

　東京国立博物館では、1999(平成11)年秋に開館した平成館において、考古の常設展示場および収蔵庫の設置を予定していたため、1995(平成7)年から、考古の列品の移動および常設展示場での新装陳列を行うべく準備を進めていた。これに伴い、陳列を予定していた重要な列品の整備・修復を実施することとした。とくに、宮崎県西都原古墳群から出土した重要文化財の船形埴輪・子持家形埴輪は一般によく知られ、親しまれてきた著名なものであるが、古い時期に行われた石膏による復元のため、きわめて劣化が著しく、崩壊する危険性が高くなっていた。したがって、そのままでは陳列のみならず移動自体が不可能であり、修理の緊急性が認識されていた。また、それぞれ我が国における代表的な埴輪で学術的な価値も高く、当館の考古陳列の中核をなす優品の一つであった。

　そこで、この機会にこれらの埴輪の修理事業を行うこととし、1997(平成9)年度に船形埴輪、1998(平成10)年度に子持家形埴輪と2ヵ年にわたって実施する計画を立てた。なお、これらの修理事業を実施するにあたっては、本埴輪のもつ重要な価値、学会ないし一般への影響の大きさに鑑み、考古学・保存科学等の学識経験者による修理復元についての学術的・技術的調査研究が必要となるため、修理指導委員会を組織し、当修理事業の協力・指導を仰ぐこととした。

　開催された各修理指導委員会の日時・出席者等は、以下の通りである。

第1回　西都原古墳出土埴輪修理指導委員会

　日時：1997(平成9)年6月13日(金)午前10時より

　会場：東京国立博物館　別館大講堂・本館会議室

　内容：宮崎県西都原古墳群出土の重要文化財船形埴輪にかかわる復元・修理の方針・方法について検討を行った。また、あわせて重要文化財子持家形埴輪の復元・修理に伴う事前調査について検討を行った。

　出席者：

　　［委　　員］（○は委員長）

　　　○大塚初重　　　山梨県立考古博物館　館長(明治大学　名誉教授)

　　　　亀井正道　　　日本大学　文理学部非常勤講師(元当館　学芸部長)

　　　　三輪嘉六　　　文化庁　文化財鑑査官

　　　　土肥　孝　　　文化庁　美術工芸課　主任文化財調査官

宮本長二郎	東京国立文化財研究所　国際文化財保存修復協力センター長
青木繁夫	東京国立文化財研究所　保存修復部　第3修復技術室長
白石太一郎	国立歴史民俗博物館　考古研究部長
	（文化庁　文化財保護審議会　専門調査会委員）
杉山晋作	国立歴史民俗博物館　考古研究部助教授

［オブザーバー］

北郷泰道	宮崎県教育委員会　文化課埋蔵文化財係長
長津宗重	宮崎県教育委員会　文化課埋蔵文化財係
繭山隆司	修復技術者

［事　務　局］

西岡康宏	当館　学芸部長
田辺征夫	当館　学芸部　考古課長
松浦宥一郎	当館　学芸部　考古課原史室長
古谷　毅	当館　学芸部　考古課主任研究官
犬木　努	当館　学芸部　考古課原史室研究員

第2回　西都原古墳出土埴輪修理指導委員会

日時：1998(平成10)年5月8日(金)午前10時より

会場：東京国立博物館　別館大講堂・本館会議室

内容：宮崎県西都原古墳群出土の重要文化財子持家形埴輪にかかわる復元・修理の方針・方法について、事前調査の結果に基づき検討を行った。また、併せて前年度修理の重要文化財船形埴輪の復元・修理について検収を行った。

出席者：

［委　　員］（○は委員長）

○大塚初重	山梨県立考古博物館　館長(明治大学　名誉教授)
亀井正道	日本大学　文理学部講師(元当館　学芸部長)
三輪嘉六	日本大学　文理学部教授(元文化庁　文化財鑑査官)
町田　章	文化庁　文化財鑑査官
土肥　孝	文化庁　美術工芸課　主任文化財調査官
宮本長二郎	東京国立文化財研究所　国際文化財保存修復協力センター長
青木繁夫	東京国立文化財研究所　保存修復部　第3修復技術室長
白石太一郎	国立歴史民俗博物館　副館長
	（文化庁　文化財保護審議会　専門調査会委員）
杉山晋作	国立歴史民俗博物館　考古研究部助教授

［オブザーバー］

北郷泰道	宮崎県教育委員会　文化課埋蔵文化財係長
松林豊樹	宮崎県教育委員会　文化課埋蔵文化財係
繭山隆司	修復技術者

［事　務　局］
　　西岡康宏　　　　当館　学芸部長
　　矢部良明　　　　当館　学芸部　考古課長
　　松浦宥一郎　　　当館　学芸部　考古課原史室長
　　古谷　毅　　　　当館　学芸部　考古課主任研究官

第3回　西都原古墳出土埴輪修理指導委員会

日時：1998(平成10)年10月30日(金)午前10時より
会場：東京国立博物館　本館会議室
内容：宮崎県西都原古墳群出土の重要文化財子持家形埴輪の修理にかかわる解体修理途中の破片等の
　　　点検と、修復方針の確認を行った。
出席者：

［委　　員］（○は委員長）
　○大塚初重　　　　山梨県立考古博物館　館長(明治大学　名誉教授)
　　亀井正道　　　　日本大学　文理学部非常勤講師(元当館　学芸部長)　　　［欠席］
　　三輪嘉六　　　　日本大学　文理学部教授(元文化庁　文化財鑑査官)
　　町田　章　　　　文化庁　文化財鑑査官
　　土肥　孝　　　　文化庁　美術工芸課　主任文化財調査官
　　宮本長二郎　　　東京国立文化財研究所　国際文化財保存修復協力センター長
　　青木繁夫　　　　東京国立文化財研究所　第3修復技術室長
　　白石太一郎　　　国立歴史民俗博物館　副館長
　　　　　　　　　　（文化庁　文化財保護審議会　専門調査会委員）
　　杉山晋作　　　　国立歴史民俗博物館　考古研究部助教授
［オブザーバー］
　　北郷泰道　　　　宮崎県教育委員会　文化課埋蔵文化財係長　　　　　　［欠席］
　　松林豊樹　　　　宮崎県教育委員会　文化課埋蔵文化財係
　　繭山隆司　　　　修復技術者
［事　務　局］
　　西岡康宏　　　　当館　学芸部長
　　神庭信幸　　　　当館　学芸部　保存修復管理官
　　安藤孝一　　　　当館　学芸部　企画課長
　　矢部良明　　　　当館　学芸部　考古課長
　　松浦宥一郎　　　当館　学芸部　考古課原史室長
　　古谷　毅　　　　当館　学芸部　考古課主任研究官
　　安藤広道　　　　当館　学芸部　考古課原史室研究員

第4回　西都原古墳出土埴輪修理指導委員会

日時：1999(平成11)年8月4日(金)午前10時より

会場：東京国立博物館　本館会議室
内容：宮崎県西都原古墳群出土の重要文化財子持家形埴輪の修理にかかわる修理・復元についての検収を行った。また、1997(平成9)年度修理の重要文化財船形埴輪と併せて、総括を行った。
出席者：
　［委　　員］（○は委員長）
　　○大塚初重　　　　山梨県立考古博物館　館長(明治大学　名誉教授)
　　　三輪嘉六　　　　日本大学　文理学部教授(元文化庁　文化財鑑査官)
　　　土肥　孝　　　　文化庁　美術工芸課　主任文化財調査官
　　　宮本長二郎　　　東京国立文化財研究所　国際文化財保存修復協力センター長
　　　青木繁夫　　　　東京国立文化財研究所　第3修復技術室長
　　　白石太一郎　　　国立歴史民俗博物館　副館長
　　　　　　　　　　　(文化庁　文化財保護審議会　専門調査会委員)
　　　杉山晋作　　　　国立歴史民俗博物館　考古研究部助教授
　［オブザーバー］
　　　北郷泰道　　　　宮崎県教育委員会　文化課埋蔵文化財係長　　　　　　［欠席］
　　　松林豊樹　　　　宮崎県教育委員会　文化課埋蔵文化財係
　　　繭山隆司　　　　修復技術者
　［事　務　局］
　　　西岡康宏　　　　当館　学芸部長
　　　神庭信幸　　　　当館　学芸部　保存修復管理官
　　　安藤孝一　　　　当館　学芸部　企画課長
　　　矢部良明　　　　当館　学芸部　考古課長
　　　松浦宥一郎　　　当館　学芸部　考古課原史室長
　　　古谷　毅　　　　当館　学芸部　考古課主任研究官
　　　安藤広道　　　　当館　学芸部　考古課原史室研究員

3）　保存修理経過

　1997(平成9)年度船形埴輪の修理を実施するにあたって、1996(平成8)年度より事前調査としてX線撮影、実測図の作成等の基礎的な前提作業を行い、現況を確認した。その上で、1997(平成9)年6月13日に第1回の修理指導委員会を開催し、復元・修理の方針ならびに方法について検討を行った。

　その結果、基本的に旧状での復元案に問題はないということで、いったん解体してから、再び旧状通りに復元することが確認された。そこで、修理指導委員会の方針にしたがって、同年6月15日に修理施工者繭山隆司氏に引き渡し修理着工となり、1998(平成10)年3月31日をもって修理完了となった。

　修理は、まず接合されていた旧状を解体して各破片に分解し、破片に付着している接着剤・塗料などのクリーニングを行った後に、表面処理として希釈した膠を塗布した。その後、破片をアクリル系樹脂で接合して組み立て、欠失部は石膏、各種粘土粉末で補填して完形に復元した。欠失部の補填箇所は、破片との調和を保ちつつ、その区別が可能な色調に着色して仕上げた。

1998(平成10)年5月8日に第2回修理指導委員会を開き、1997(平成9)年度に保存修理を実施した船形埴輪の修理・復元の完了を確認するとともに、1998(平成10)年度保存修理予定の子持家形埴輪の復元・修理の方針と方法について、実測図の作成等、事前調査の結果に基づいて検討を行った。

　松原正業氏による旧状の復元では、4方向に小型の家屋が付設した状態であるが、修理後、この付属屋のうちいくつかが存在しないという現状変更が懸念された。しかし、宮本委員から、このうち3個の付属屋についてはその存在は確実であり、残りの1個についても、破片の残存度がきわめて低いにもかかわらずバランスから考えて存在の可能性の高いことが指摘され、基本的に松原氏の復元案を踏襲して修理を進めることが確認された。なお、解体直後の修理途中に、再度修理指導委員会を開き、修理方針を確定させることが提案され、決定された。

　1998(平成10)年10月30日に、子持家形埴輪の修理途中、解体後の破片等の点検を行い、それに基づく修理方針を確立させるため、第3回の修理指導委員会を開いた。

　まず、宮本委員から子持家形埴輪の解体後の調査に基づいて、子持家形埴輪の形式と残存度、主屋・付属屋について詳細な報告がなされた。その結果、松原正業氏による復元は、オリジナル破片の残存度が全体にきわめて低いにもかかわらず、主屋開口部を除いてほぼ正確であることが確認され、他の委員からも追認された。すなわち、基本的に旧状通り付属屋を4方向に設けた状態で、かつ旧状の形態に復元することが確認された。

　このような経緯の中、修理指導委員会の方針にしたがって、1998(平成10)年6月14日に修理施工者繭山隆司氏に引き渡し、修理着工し、1999(平成11)年3月31日をもって子持家形埴輪の修理は完了となった。

　修理は、まず接合復元されている現状を解体し、欠失部を補填している石膏を取り除き、各破片に分解した。破片に付着している接着剤・塗料等を除去し、破片をクリーニングした後に表面処理として希釈した膠を塗布した。その後、破片をアクリル系樹脂で接合して組み立て、欠失部は硬石膏、各種粘土粉末で補填し、完形に復元した。補填箇所は、原体との調和を保ちつつその区別が可能な色調に着色して仕上げた。

　1999(平成11)年8月4日に第4回の修理指導委員会を開き、1998(平成10)年度に実施した重要文化財子持家形埴輪の修理復元完了を確認し、同時に1997(平成9)年度修理の重要文化財船形埴輪と併せて、西都原古墳群出土埴輪の修理・復元事業を総括し、終了した。

第2章　保存修理──事前調査と調査方法──

1）修理前の状態

①子持家形埴輪［第1～3図］

形式と構成　主屋が入母屋造伏屋式建物を表した子持家形埴輪で、周囲に切妻造平屋建物と入母屋造平屋建物を表した付属屋を各2棟ずつ交互に対向する方向に設置する。主屋・付属屋は、ともに棟方向を揃えて結合されている。

　主屋は、入母屋造伏屋式竪穴住居を象ったもので、屋根上半部の切妻部、屋根下半部の地上葺降形式の伏屋形の寄棟部からなり、全体で入母屋造形式をとる（付編Ⅱ参照）。付属屋は、正面（A面）の平側中央に付属屋a、背面（B面）の平側中央に付属屋b、右側妻面（C面）の中央に付属屋c、左側妻面（D面）の中央に付属屋dが設置される。これらの付属屋は、主屋の基部と寄棟部の境に張り出す器台部に載せられたような形態に造形されている。いずれも建物規模は、桁行1間×梁間1間である［PL7～10］。

構造と名称　各部の構造と名称の関係については、適宜、建築用語を借用して部分名称とし、埴輪表現独自の用語を含む本書での用語は「　」で示す。まず、主屋について述べ、次に付属屋について述べる。

主屋　「切妻屋根部（屋根上半部）」は、両妻側に大振りの「破風部分」を備える。破風部分の上端部下面（切妻屋根部裏面）には、半円形の「棟先部分」が貼付される。なお、「桁先部分」の剥離痕などは認められない。屋根頂部には、大棟を表現した2本の平行する「大棟突帯」が載り、その間の「大棟部分」は平坦な造りである。切妻屋根部には、A面・B面とも、およそ全体を3分割する位置の2ヶ所に、それぞれ縦位の棟覆（押縁）を表現して、2本の平行する「押縁沈線」が引かれる。切妻屋根部と伏屋形の寄棟部の境には「屋根基部突帯」を廻らせる。切妻屋根部の妻部分には、欠失して形態が不明であるが、剥離痕からほぼ垂直の「妻壁部」が存在したようである。

　「伏屋形寄棟部（屋根下半部）」は、およそ60°の角度をもち、地上葺降形式の「寄棟屋根部」を表現して、柱等の表現はない。4つの付属屋a～dの内部にあたる部分には、それぞれ「出入口部分」とみられる長方形の「透孔」を設ける。なお、A～D面の各面が隣接する4つの「隅部分」を、それぞれAC隅・AD隅・BC隅・BD隅と呼ぶことにする。

　寄棟部下端における基部との境界外面の通常「裾廻突帯」が廻される部分には、「器台部」が設けられる。器台部は、付属屋に沿ってもほぼ均一な幅で廻されており、それぞれ中央部分が三方に張り出す形となって器台部に連続する「付属器台部」を形成する。

　「基部」は、ほぼ垂直に短く立ち上がり、傾斜をもって立ち上がる寄棟部との境で屈曲する。A面・B面では、左右2ヶ所ずつに半円形の「透孔」が穿たれる。A～D面の各面とも、付属屋a～dの壁部器台部下方に位置する部分には、「延長壁部分」が設けられている。また、AC隅・AD隅・BC隅・BD隅の各隅には、それぞれ器台部を支持するための「補強突帯」が設定される。

付属屋　次に、付属屋a・bは、入母屋造平屋建物を象ったもので、主屋A・B面の寄棟部中央部分に設置

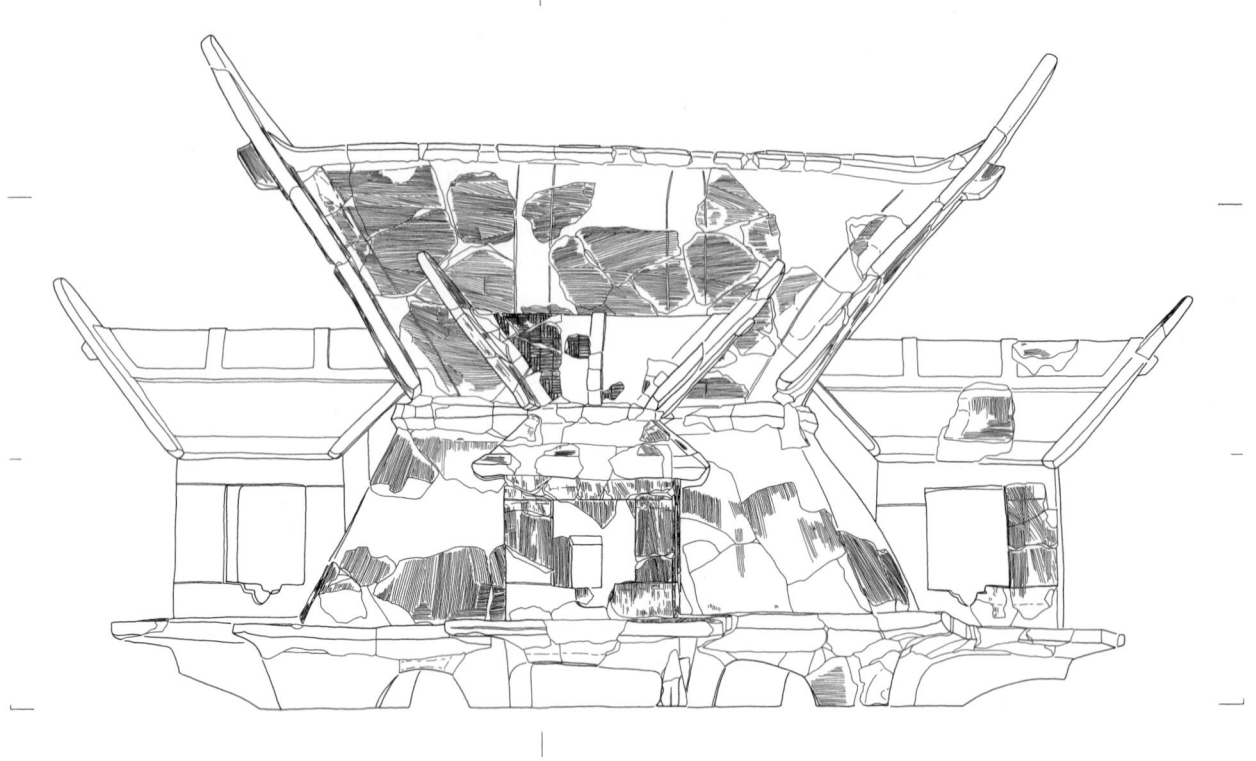
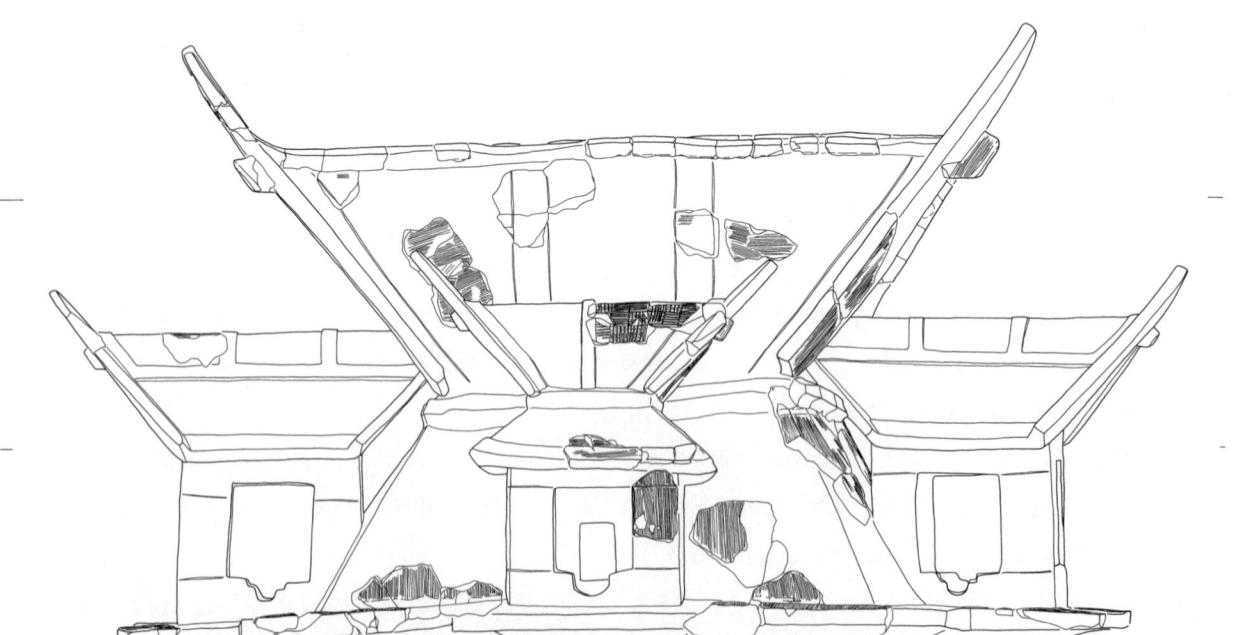

第1図　子持家形埴輪側面図〔修理前〕（上：A面、下：B面）〔S＝1/6〕

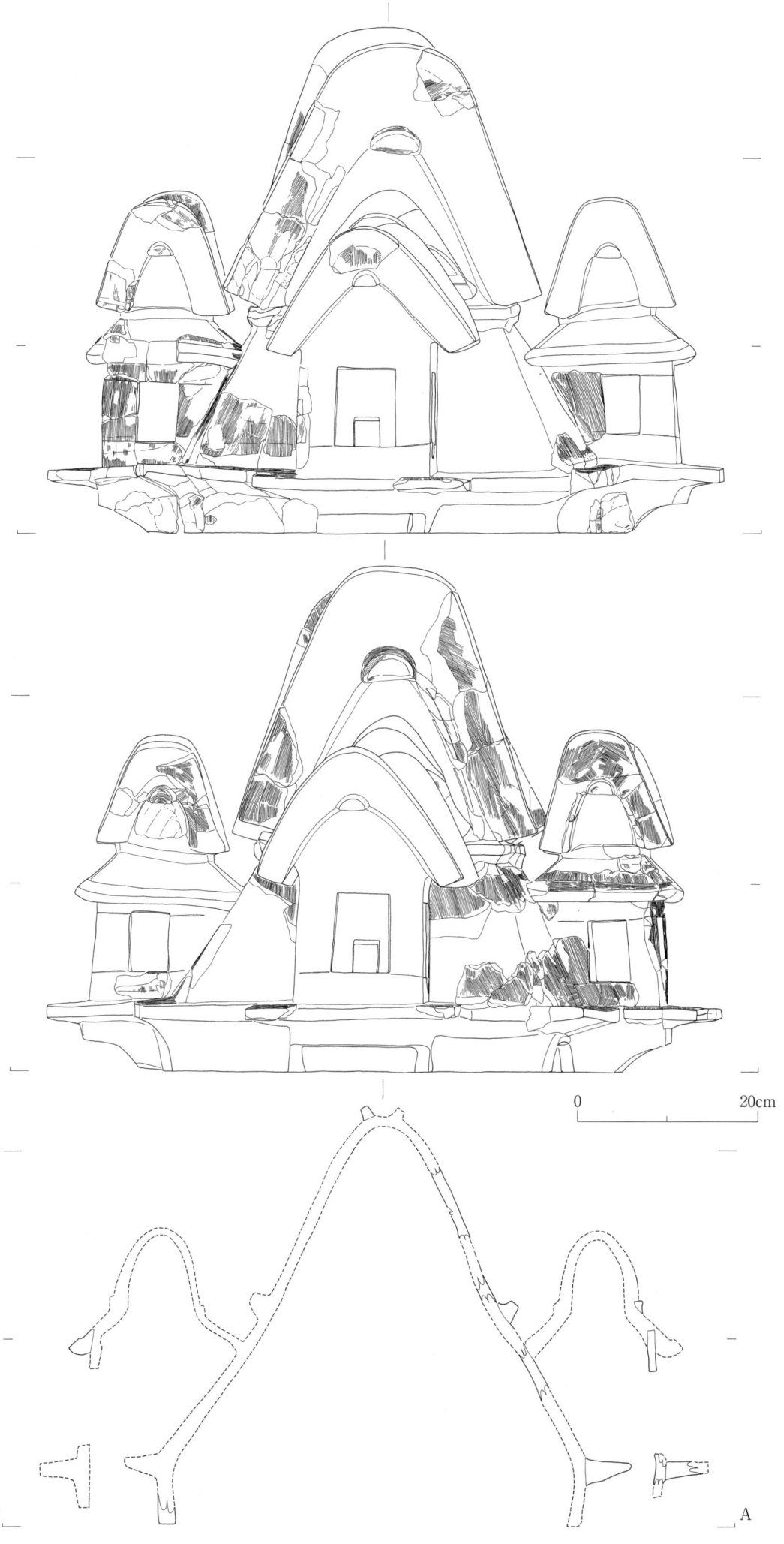

第2図　子持家形埴輪側面・断面図［修理前］（上：C面、中：D面、下：A－B断面）〔S＝1／6〕

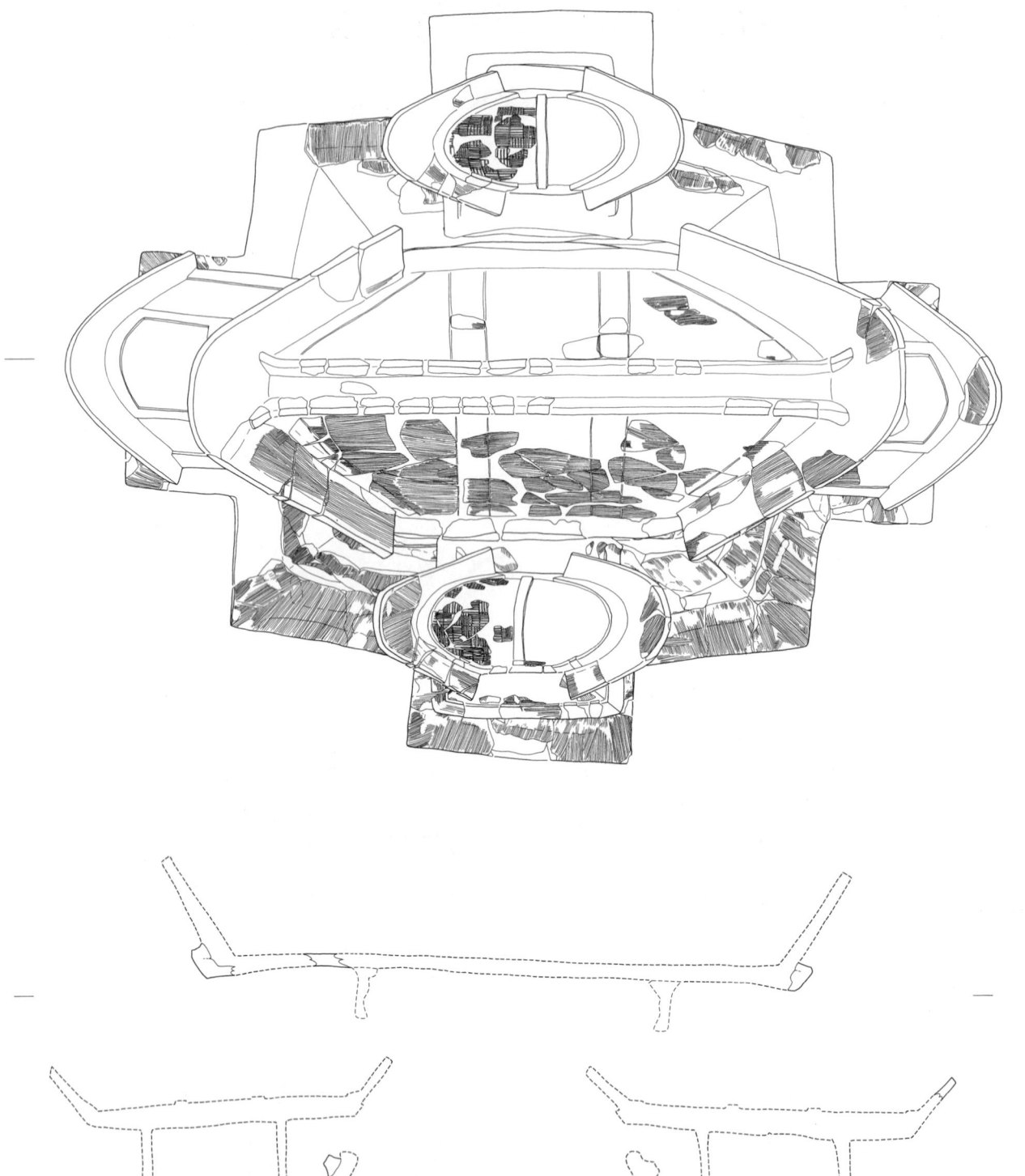

第3図　子持家形埴輪上面・断面図［修理前］（上：上面、中：C−D断面）〔S＝1/6〕

されている。「切妻屋根部(屋根上半部)」は、両妻側に「破風部分」を備える。破風部分の上端部下面(裏面)には、半円形の「棟先部分」を備えるが、「大棟部分」にはとくに突帯等の表現はみられない。「屋根面(屋根上半部外面)」には「網代表現」をもち、中央部分と破風部分基部に「押縁突帯」を備える。「寄棟部(屋根下半部)」は、およそ40°の角度で、装飾はみられないが、「軒先部分」には「軒先突帯」をもつ。「屋根面」に装飾はなく、「降棟部分」にも突帯等はみられない。また、切妻屋根部と寄棟部の境には、帯状の「屋根基部突帯」を有する。

　壁部に関しては、いずれも背面で主屋の寄棟部に結合しているが、背面に壁部はなく、側壁部を直接、主屋寄棟部に貼付する。したがって、壁部は正面の「前壁部分」、左右の「側壁部分」からなる。付属屋aでは、前壁部分・C面側壁部分・D面側壁部分からなり、付属屋bも同様な構成である。壁部は、三方とも、「柱部分」に突帯表現をもたない大壁構造で、ほぼ正方形の大型の「窓部分」を備えた開放的な造りである。前壁部分の窓部分下辺には、逆半円形の「踏込刳形」を造り出している。

　一方、付属屋c・dは、切妻造平屋建物を象ったもので、主屋C・D面の寄棟部中央部分に設置されている。「屋根部」は、付属屋a・bと同様に、両妻側に「破風部分」をもち、逆半円形の「棟先部分」を備えるが、大棟部分に突帯等の表現はみられない。破片は存在しないが、屋根上半部に水平方向と2条の垂直方向の「押縁突帯」を造り出す。「軒先部分」には突帯をもたない。壁部は、付属屋a・bと同様に、付属屋cでは、前壁部分・A面側壁部分・B面側壁部分からなる。いずれも「柱部分」に突帯表現をもたない大壁形式で、大型の「窓部分」を備えた開放的な造りである。A面側壁部分・B面側壁部分の窓部分下辺には、中央部分が逆半円形の「二段踏込刳形」を備える。

法量　全長は94.3cm、全幅は74.7cmで、基部下端から破風部分上端までの高さは53.8cmである。

　主屋の切妻屋根部は、棟部分長56.0cmである。屋根基部突帯部分の長さは、A面で32.8cm、C面で26.2cmである。破風部分は、D面側で幅33.8cm、高さ29.3cm、両上端間の長さは69.0cmである。寄棟部の平側長は、A面で47.0cm、妻側長は、C面で40.2cmである。基部は、下端で52.4cm×41.3cmである。

　付属屋は、遺存度のよい付属屋aで、器台部から破風部分上端までの高さは、29.6cmである。破風部分の上端間の長さが、29.4cm、棟部分は長さ20.8cmである。屋根基部突帯部分の平側長(前壁側)11.4cm、妻側長(C面側壁側)9.5cmである。軒先部分の長さは、前壁側で19.5cm、D面側で16.8cmである。壁部は、前壁部分で上端幅14.0cm、下端幅14.0cm、C面側壁部分で上端13.6cm、下端8.5cmで、器台部下方に位置する延長壁部分は、前壁部分14.2cm、C面側壁部分で9.0cmである。器台部から破風部分上端までの高さは、28.9cmである。

遺存度　主屋の切妻屋根部は、A面が約70%程が残存し、30余片の破片からなる[PL23]。これに対し、B面はわずかに9片の破片が残存するだけである。大棟部分は、A・B面側とも、約10片の破片からなり、残存率は約60～70%である。また、破風部分は、両面側ともに約40～50%程残存するが、A面側に破片が多く、B面側はわずかに2片ずつ残るのみである。一方、寄棟部も、A面に破片が多く、約70%程残存するが、B面はわずかに5片、C面も2片、D面は4片程しか破片が残存せず、遺存率はきわめて低い[PL24]。このうち、B面の破片は、内面が剥離して遺存しない破片も多い。器台部は、A面がほぼ完存し、C面に連続するが、B・D面は3～5片が残存するのみである[PL25]。基部も、A面からC面に5片程の破片が残るが、C面は2片、B面が3片程残存するのみで、D面は遺存しない。

　もっとも遺存率のよい付属屋aは、全体の約60%程が残存する[PL26-1・2]。切妻屋根部は、中央部分の押縁突帯が1片であるものの約30%が残存し、破風部分はおよそ40%程の遺存状況である。壁部は、前壁部

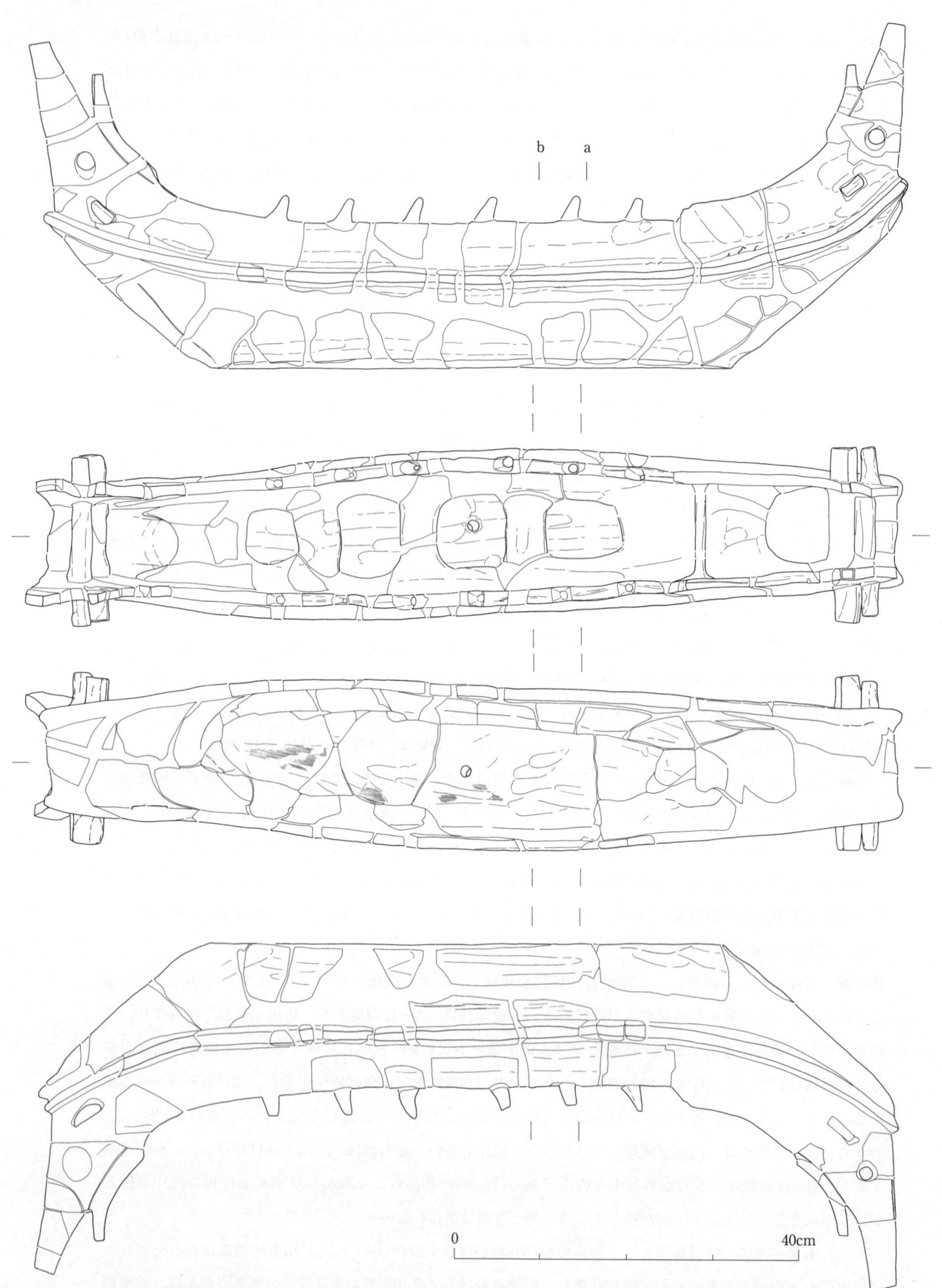

第4図　船形埴輪側面・上面図・下面図［修理前］（上：左舷側、中上：上面、中下：下面、下：右舷側）〔S＝1/6〕

分とA面側壁部分が約80％程残存し、各部の接合関係をたどることができる。

　これに対し、付属屋bの切妻屋根部は約30％程の遺存状況である［PL26-3・4］。付属屋cは、屋根部が3片、壁部が4片しか遺存しない［PL26-5・6］。付属屋dには、破片が存在しない。

保存状況　旧修理では、破片の接合には、膠・漆等が多用され、接合の歪みも各所にみられる［PL16～20］。欠損部は、石膏で補填して復元しており、修復後、長い年月の間に石膏と埴輪片の緩みや石膏自体が劣化のためにきわめて脆くなっており、崩壊の危険性もある［PL14、15］。現状では、移動は困難な状況である。

②**船形埴輪**［第4図］

形式と構成　舷側に板材を組合せて造る準構造船を象った船形埴輪。両舷側には、櫓（櫂）を装備するための突起を各6個表現する。舳先および艫部には、著しく強調された飾り板が表現される。舳艫部の両飾り板部分には、両舷側を貫通する2種類の貫が表現され、船体内部には隔壁と船板が表現される。いわゆるゴンドラ形と呼ばれるタイプの船形埴輪である［PL11～13］。

構造と名称　各部の構造と名称については、適宜、船舶用語を借用して部分名称とし、埴輪表現独自の用語を含む本書での用語は「　」で示す。

　まず、船体外面には、舷側部中位に断面略方形の突帯が貼付されている。これを「船縁部分」とし、これより下位を「船底部」、上位を「舷側板部」と呼称する。とくに、板状の船底の下半部は「船底底部」とした。両舷側板部には、上縁部分に突起が設けられており、これは櫓を装備するための櫓杭（櫓臍・ピボット）と考え、「舷側板突起」とした。船体の前後関係に関しては、推進力を担う櫓と櫓杭の関係から、舷側板突起の頂部の傾斜方向を後方、すなわち「艫部」とし、反対側を「舳先部」と判断した。また、舳先部・艫部には、ともに著しく強調された大型の「飾り板部」をもつ。

　船体内面には、舷側部中位に「船板部」が設置される。船板部には、5個の略方形の窓状部分がある。艫部側の一つ目の窓状部分の後方に、両舷側板部にわたる長方形の「隔壁部」が設けられる。

　また、両飾り板部分の内外面には、飾り板部分を貫通して繋ぐ貫を表現する「板状貫部分」と「棒状貫部分」が設置される。

法量　全長は100.3cm。船底部から飾り板部上端までの高さは、38.7cmである。船底部長60.8cmで、船縁部分の長さは99.8cmである。舷側板部は高さ4.6～7.8cm、厚さ1.6cmで、6個の舷側板突起は5.2～8.2cm間隔で並ぶ。両舷側板部の間隔は外側で、16.6cmである。板状貫部分は、幅3.0～3.8cm、長さ3.6～3.8cm、棒状貫部分は径2.2～2.7cm、長さ3.0～3.8cmである。隔壁部分は、高さ5.2cm、厚さ1.3cm、船板部と船底部内面の距離は4.0～7.6cm、舷側板部上縁との距離は、6.8～8.0cmである。また、舳先部における両舷側の飾り板部の幅は、最大で13.7cmである。

遺存度　残存状況は、船底底部がもっとも良好である。艫部にやや大きな欠失部分を有するが、舳先部・艫部ともほぼ残存する。舷側板部は、右舷側板部より左舷側板部の残存状況が良好である［PL21、22-1］。

　船縁部分は、両舷とも中央部分の遺存率は高いが、左舷艫部と左舷舳先部を欠失する。また、舷側板部の上縁に表現される舷側板突起も、舳先部側からみて、右舷側板部の第3・4～6番突起以外は遺存しない。艫部の飾り板部は、いずれも上端を欠失している。

　板状・棒状貫部分については、いずれも板状および棒状粘土を飾り板部の内外面に貼付したものであるが、右舷側舳先部の飾り板部外面では、棒状貫部分、右舷側艫部の飾り板部外面では、板状貫部分を欠失する。一方、船板部分の残存状況は、舳先側から第1・2・3窓状部分の周辺にやや欠失部をもつが、比較的良好

である。なお、第5窓状部分は補填材で埋められている。

保存状況 旧修理では、破片の接合に膠・漆等が多用され、接合の歪みが各所にみられる。とくに、船体は右舷側板部が大きく膨らんでおり、全体も捩れるように歪んでいた[PL13-6]。欠損部は、石膏で補填して復元しており、修復後の長い年月の間に、石膏と埴輪片の緩みや石膏自体が劣化のためにきわめて脆くなっており、崩壊の危険性もあり、そのままでは移動は困難な状況である。

2) 解体・復元と調査の過程

①記録の目的と計画

　埴輪は、そのほとんどが古墳の墳丘に樹立されていた大型の土製品であり、永い年月の間、風雨に曝されて風化・破損が進行したり、墳丘の崩壊等に伴って破壊された後に埋没することから、多くの場合が破片資料となって出土する。その結果、出土した埴輪から修復によって全形を復元する際には、基本的には破片の分類に基づいて、同一個体と考えられる破片を選別した上で、接合関係を確認しながら進められる。しかし、欠失部が多い場合、接合関係のない破片を想定される場所に位置づけるためには、ほかの類例等を根拠に作業が進められるが、復元作業には困難を伴うことも多い。

　西都原古墳群出土の子持家形埴輪と船形埴輪は、当時、ほとんど類例が知られていなかった第2次世界大戦前に修復・復元されたため、その造形を検証・確認する機会は解体修理を措いてはまったくなかったといえる。とくに、子持家形埴輪はほかに類をみない造形をもつ埴輪として早くから有名であり、修理の際には以下に述べるような検討・確認を要する点について、十分な調査を行うことが必要であった。

　そこで、子持家形埴輪と船形埴輪の解体修理に伴う調査に際しては、次のような基本方針を設定して進めることとした。

(1)個体内における破片の同一(個体)性の確認。
(2)破片の相関的位置の確認および妥当性の検討。

　まず、(1)については、破片の接合関係を徹底して検証することにつとめ、接合した埴輪片から製作技法および胎土等の特徴を捉える。また、そのほかの接合不能な破片についても、製作技法や表裏面の調整に使用された工具等の検討を行い、同一個体の是非について識別・判断を行う。次に、(2)については、接合関係の適合性の確認はもちろんであるが、接合しない破片についても、表裏面における調整技法や粘土紐の積上げ・圧着方法等の製作技法を検討して、その妥当性を検討・確認する。

②解体修理における調査と記録

　このような計画を実施するためには、解体修理と調査および記録作業が一体の関係にあることから、解体作業と調査を並行して同時に進める必要があった。そこで、このような方針に基づいて、解体修理の過程を客観的に記録する目的から、次のような方法と手順からなる調査計画を立てた。

　第1に、客観的な形状および保存状態の記録として、また学術的な資料化を図る目的で、実測調査を解体前および解体後に実施し、解体中にも各種の補足調査を行う。実測図の作成方法は、一般的な正投影図法を用いて行う。

　第2に、解体および修理過程を記録する目的で、通常の修理前・修理後以外に、解体中にも随時、写真撮影を実施する。まず、解体過程そのものと旧修理の状況を記録するために、解体中に、(1)補填材(石膏等)を

除去する以前の状態で、主屋・付属屋等に分けて各部を撮影する。また、解体終了時には、(2)破片の相関関係を示すために、破片を各部ごとに一括で撮影する。さらに、実測図では十分に表現しきれない表裏面の調整や焼成の痕跡・胎土の状況等を記録するために、(3)破片ごとに必要な写真を撮影する。なお、修理前・修理後は同じアングルで撮影し、比較資料としての記録化につとめる。これらの撮影は、適宜、6×7版カラーポジおよびモノクロフィルムで撮影し、破片を中心に35mmモノクロフィルムで撮影して補うこととした。

③修理指導委員会における審議と問題点

(1) 第1回修理指導委員会〔1997(平成9)年6月13日(金)〕

　東京国立博物館側から、1997年度に船形埴輪、1998年度に子持家形埴輪を修理する計画が提示された。また、青木委員から、X線透過調査の結果が報告され、破片の復元状況や保存状態が確認されたことを受け、基本方針として解体後、旧状に復する方向が決定された。

　しかし、それぞれの解体時に破片の状態で委員会を開催し、その都度、調査結果と復元方針を再検討することが確認され、修理の方法・工程と委員会の開催時期の調整が行われた。

(2) 第2回修理指導委員会〔1998(平成10)年5月8日(金)〕

　まず、解体修理が終了した船形埴輪の調査結果について審議された。担当者による実測調査および写真記録の報告を受けて、旧状への復元については遺存がないことが確認された。また、各委員から修理調査記録について、具体的な報告書作成の必要性が提言された。

　次に、子持家形埴輪の修理方針について審議され、担当者から実測調査の報告が行われた。宮本委員からは、観察と考察の結果、破片の残存度はきわめて低いがほぼ正確に復元されており、少なくとも3方向の付属屋が確認でき、バランスから考えて4方向の可能性が高いとの報告を受けた。一方、シンメトリーな復元案の妥当性も審議されたが、大塚委員長から基本方針は松原氏案を踏襲することが提言され、了承された。また、修復・彩色にあたっては、復元部分を明示するようにすべきことが確認された。

　なお、出入口部分については、宮本委員から付属屋aあるいはa・bのみの可能性が指摘されたが、根拠のない部分については、重要文化財指定時の形状を継承することが確認された。以後は、解体調査を宮本委員の指導の下で進めることが確認された。また、オブザーバーの宮崎県文化課の説明を受けて、現地調査の進捗状況と合わせた1998(平成10)年秋頃に、解体調査結果を踏まえて、復元案について再度検討することが決定された。

(3) 第3回修理委員会〔1998(平成10)年10月30日(金)〕

　まず、修理が完了した船形埴輪については、委員長をはじめ各委員から報告書の刊行について質疑があり、東京国立博物館側から刊行の計画を立てることが確認された。

　次に、解体された子持家形埴輪については、宮本委員から子家a・bの網代施文の手法や断面の厚さが異なることから、製作者が相違する可能性が報告された。これを受けて、切妻屋根部における破風部分の傾斜角度の問題なども検討された上で、修理方針は松原氏案を踏襲することが再確認された。また、大塚委員長からオブザーバーの蠶山氏に解体前の石膏部分型の準備状況が確認され、現状の破片で松原氏案と同様の復元が可能であることも確認された。

　なお、西都原古墳群出土埴輪中における子持家形埴輪とほかの埴輪との胎土の違いについても質疑・検討された。これを受けて、大塚委員長から円筒埴輪破片等も含めた胎土分析の必要性が提言されると共に、改めて修理記録報告書の刊行が東京国立博物館側に要請された。

④修理と調査の内容
（1）子持家形埴輪
調査記録　実測調査を解体前と解体中に実施した。実測面は、正面（A面）・背面（B面）・両側面（C・D面）・下面・上面の計6面である。さらに、これらの図面では投影上表現できない部分を補う目的で、適宜、補助図面・断面図を作成した。補助図面としては、付属屋に隠れる主屋の屋根部と、主屋切妻屋根部に隠れる主屋本体および器台部分である。さらに、外方からは視野に入らない付属屋a・bの主屋A・B面に対向する部分の切妻屋根部についても実測図を作成した。解体修理の進行に伴い、主屋・付属屋の内面および下面の実測図も作成した。また、修理後にも、旧状との比較・記録のため、外面6面の実測図を作成した。

　実測図の作成は、内面の調査・記録を行うために、2段階に分けて実施した。まず、各破片の接合関係と破片の充填位置を確認するために、主屋を切妻屋根部と葺降屋根部に分離した。両屋根部分はA・B面に2分割し、葺降屋根部分もC・D面の破片が少ないため、長軸方向にやはりA・B面側に2分割した［PL14、15］。付属屋は、それぞれを器台部および付属屋器台部から分離した［PL19・20］。この段階で、内面についての実測調査と写真撮影などを実施した［PL16～18］。

クリーニング　補填材を除去して解体した後に、各破片に分離してクリーニングを実施した。この段階で、再び内面の調査と写真撮影等を実施し、破片の接合関係および破片位置を確認した［PL23～26］。

復元　修理委員会での復元方針にしたがって、基本的に旧状に復元することを目指した。まず、付属屋a～cに関しては、内面の調査結果から旧状の破片位置の妥当性が認められたため、各破片の接合状況に応じて形状を決定した。付属屋dに関しては、まったく破片がなく旧状通りに復元した。なお、付属屋bの軒先部と主屋B面の切妻屋根部破片に関しては、接合関係が確認された付属屋aと主屋A面の当該箇所に移動した。そのほかは接合関係を基礎にして、各破片相互を正位置に復しながら旧状に復元した。

彩色　補填部分に関しては、残存部分との整合性を図りながら補彩したが、残存部分との間に違和感のない程度に差をつけ、修理箇所を識別できるように配慮した［PL1、2、6-1］。

使用材料　ⅰ）エポキシ樹脂：エポメート825・827・828・834（液状から固体まで粘度の異なるもの）・油化シェル社製、ⅱ）液体接着剤：アロンアルファ（シアノアクリレート：瞬間液体接着剤）・セメダイン社製、ⅲ）膠：妻屋膠研究所製、ⅳ）粘土および顔料：備前土・信楽・山土・弁柄

（2）船形埴輪
調査記録　実測調査を解体前と解体中に実施した。実測面は、正面・背面・両側面・底面・上面の6面である。さらに、解体修理に伴い両舷側板部・船底部の内面、および船板部の下面の実測図、および断面図も作成した。また、修理後にも旧状との比較・記録のため、外面6面の実測図を作成した。

　解体の途上で船体を各面に分割した際に、内面の実測と破片の遺存状況・接合関係の確認を行った［PL21、22-1］。

クリーニング　補填材を除去して解体した後に、各破片に分離・クリーニングを実施した。この段階で、再度内面の実測調査と写真撮影等を実施し、破片の接合関係および破片位置の確認を行った［PL22-2～4］。

復元　船底部は破片がほぼ完存するため、破片の接合状況に応じて形状を決定した。その結果、船体部の歪みが矯正された。また、欠失部がやや多い右舷部分に関しては、残りのよい左舷部分に準じて復元した。飾り板部分は、接合状況から艫部分の高さについては根拠を求められる部分がないため、旧状に復元した。舳先部分の飾り板部分の開きについては、接合関係から立ち上がりの角度が矯正された。なお、左舷部外面に欠失していた棒状および板状の貫部分については、残存する貫部分の形状から復元した。船板部は、両舷側

との接合部に欠失部分が多いが、舷側部内面との接合関係を確認しながら復元し、接合痕跡をたどりながら欠失部を補った。なお、接着面には膠（水溶性）をコーティングした後、エポキシ樹脂系接着剤で接合し、欠損部は石膏・樹脂等で補って完形に復元した。

彩色　補塡部分の彩色に関しては、残存部分との整合性を図りながら補彩した。この際、残存部分との間に違和感のない程度に差をつけ、修理箇所が識別できるように配慮した［PL3〜5・6-2］。

使用材料　ⅰ）エポキシ樹脂：エポメート825・827・828・834（液状から固体まで粘度の異なるもの）油化シェル社製、ⅱ）液体接着剤：アロンアルファ（シアノアクリレート：瞬間液体接着剤）セメダイン社製、ⅲ）膠：妻屋膠研究所製、ⅳ）　粘土および顔料：備前土・信楽・山土・弁柄

第3章　調査成果——解体調査と修正点——

1）　子持家形埴輪［第5～13図］

①形式と構成

　形式および各部の構成は修理前と変化はない（前章1の①を参照）。また、構造と名称も修理前と同一である。ここでは、修理前と修理後における変更点や規模等を確認する［PL1、2、6-1］。

破片の移動　解体修理に伴い、若干の破片が接合の検討により、本来の適当な位置に移動させた部分がある。

　まず、付属屋bの軒先部の破片3片については、付属屋aの軒先部と接合したため、当該箇所に移動した。また、主屋のB面屋根部の破片1片も、A面の屋根部破片と接合したため、当該箇所に移動した。そのほかの破片は移動する必要がなく、それぞれの接合関係を基礎に、相互に正位置に戻しながら旧位置に復元した。

　また、旧修理では、破片の接合に膠・漆等の接着剤が多用され、接合部分の歪みも各所にみられたため、クリーニング後の破片の接合によって、各破片は相関的な距離を微妙に変化させている。

修理後の法量　全長は95.6cm、全幅は72.4cmで、基部下端から破風部分上端までの高さは54.0cmである。

　主屋の切妻屋根部は、棟部分長57.5cmである。屋根基部突帯部分の長さはA面で29.5cm、C面では25.2cmである。破風部分は、D面側で幅33.1cm、高さ29.5cm、両上端間の長さは73.3cmである。寄棟部の平側長は、A面で47.0cm、妻側長はC面で39.5cmである。基部は、下端で48.4cm×47.0cm。

　付属屋は、遺存度のよい付属屋aで、器台部から破風部分上端までの高さは、29.0cmである。破風部分の上端間の長さが、30.4cm、棟部は長さ20.2cmである。屋根基部突帯部分の平側長（前壁側）9.8cm、妻側長（C面側壁側）9.0cmである。軒先部分の長さは前壁側で19.0cm、D面側壁側では17.0cmである。壁部は、前壁部分で、上端幅13.8cm・下端幅14.0cm、C面側壁部分で、上端幅13.3cm・下端幅8.5cmで器台部下方に位置する延長壁部分は、前壁部分で、幅13.0cm、C面側壁部分で、幅8.5cmである。また、器台部から破風部分上端までの高さは、29.2cmである。

　このように、修理後における主屋の屋根部全長は69.0cmから73.3cm、同壁部妻側長は40.2cmから39.5cm、D面側の破風部分では、幅33.8cmから33.1cmに変化した。

②製作技法と各部の特徴

　修理途上および修理後の調査で判明したことを踏まえ、各部の特徴と製作技法などをまとめることとする。

外面調整　主屋の切妻屋根部は、細かな縦方向のハケメ調整の後、横方向のハケメ調整を施すが、同様な調整は破風部分の剝離痕の内側にまで連続している［PL28-3・4、29-1・2、30-6］。破風部分は、正面・背面とも縦方向のハケメ調整を施す［PL28-1・2・5］。伏屋形寄棟部は、縦方向のハケメ調整のみである［PL17-2～4、30-1、31-1・2］。器台部は、上面にハケメ調整を施すが、寄棟部のハケメ調整と連続しており、基本的には上方からみて放射状に施される［PL17-3・4、32-1・3・5・7、33-1］。基部も、横方向と部分的に縦

方向のハケメ調整が施されるが、補強突帯付近等、ナデ調整を多用する[PL33-5～8・11]。一方、付属屋の屋根頂部は、網代または横方向のハケメ調整、屋根下半部は縦方向のハケメ調整を施す[PL20-2・3、34-3、36-1・3・7・11]。また、壁部は、基本的には縦方向のハケメ調整が施される[PL34-5・7・9、35-9、36-5・9]。

なお、主屋の器台部・付属器台部の側(端)面は平滑に仕上げられており、上面にハケメ調整を施す前に刀子様の工具で切り取られたことが窺われる[PL31-6]。同様な痕跡は、主屋の切妻屋根部および付属屋屋根部の破風部分側面でも観察される[PL16-2、20-2]。また、付属器台部の下面において、付属屋の重量を支えるために基部から延びて貼付された補強突帯の下面も、刀子様工具によって仕上げられている[PL33-11、35-11]。

内面調整 切妻屋根部は、おおむね斜め方向のナデが施され、基部突帯の設定位置や下半部には粘土接合痕が残る[PL29-3・4]。また、寄棟部下半部にも接合痕が残存し、器台部の設定位置には連続した指頭圧痕がみられる。一方、付属屋は、内側は斜め方向のナデ調整で、隅部は縦方向にナデ調整を施す[PL34-6・8・10、35-10、36-6・10]。

胎土 砂粒を多く含み、褐色の2～5mm大の亜角礫を多く含む。

色調・焼成 内外面とも、淡黄灰褐色で、断面および剥離部分は対照的な暗黒灰色を呈する[PL23～25]。堅緻に焼き上げられており、風化は著しくない。切妻屋根部および寄棟部のほかは、剥離も少ない。なお、大棟突帯のうち、D面破風部分に掛かるB面側部分とC面付属器台部上面の一部には、黒斑が認められる[PL1-2、2-2]。

主屋 切妻屋根部は、B面では明確ではないがA面内面の接合痕と剥離面からみて、粘土帯が内傾していることが確認できる。同様な技法は、屋根基部突帯の内側や屋根頂部の大棟突帯内側の接合部分においても同様に確認することができる[PL29-3・4]。このようなことから、切妻屋根部は、連続した同一手法による粘土紐の積み上げが予想される。ただし、接合痕は下半部に集中し、上半部にはみられない。これはナデ調整の均一さからみて、調整の差というよりも、上半部の粘土帯の積み上げが連続的である可能性が考えられる。なお、切妻屋根部の下半部分は欠失部が多く、桁先部分の貼付位置と想定される部分に剥離痕などの痕跡は認められなかった。

屋根頂部については、A面側の左上部分に大棟突帯間の破片が1片遺存しており、屋根部A・B面の接合関係と両者の距離および大棟突帯の間隔を確認することができる[PL29-1・4]。

破風部分は、C・D面共、A面側接合部では、切妻屋根部の内面に指頭圧痕が顕著に残り、外面には切妻屋根部との粘土接合痕が観察できる[PL16-4・6、28-2～4、30-6]。このため、破風部分は切妻屋根部を粘土帯積み上げによって成形した後、外面を縦ハケ調整の後、横ハケ調整し、切妻屋根部の両端に指頭押圧により貼付したものと考えられる。また、大棟突帯は、破風部分の背面に掛かっていたとみられることから、屋根頂部を仕上げた後、粘土紐成形により貼付したものと考えられる[PL16-1～3、27-1・2]。

また、現状では妻壁部は存在しないが、切妻屋根部分のA面内側には、両妻部ともに剥離痕が明瞭に残り、本来存在していたと考えられる[PL17-1]。この場合、現状では付属屋c・dの切妻屋根部が主屋の切妻屋根部に入り込んでいるため、妻壁部は中央部分には大型の窓状の部分を有していたと考えられる。なお、妻壁部はいずれも屋根部完成後に内面に貼付されているが、D面破風部分A面側で貼付位置に沿って明確に指ナデの痕跡を留めるなど、強く押圧されているのに対し、C面破風部分A面側の押圧は弱く、対照的である[PL29-3・4]。この点は、両妻壁部の設置順位にかかわるものと考えられる。

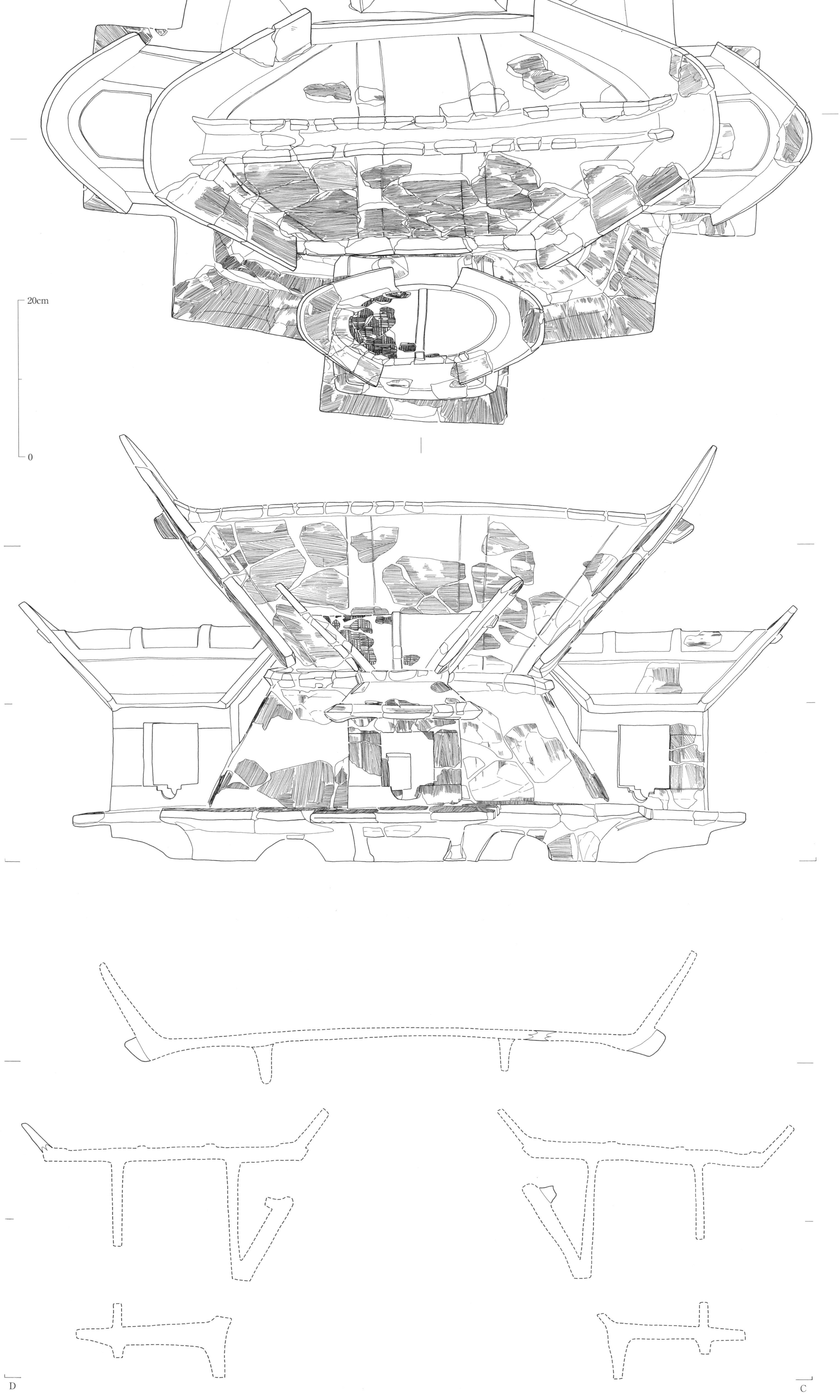

0 20cm

第6図 子持家形埴輪上面・下面図[修理後]
(上：下面、下：上面) [S=1/4]

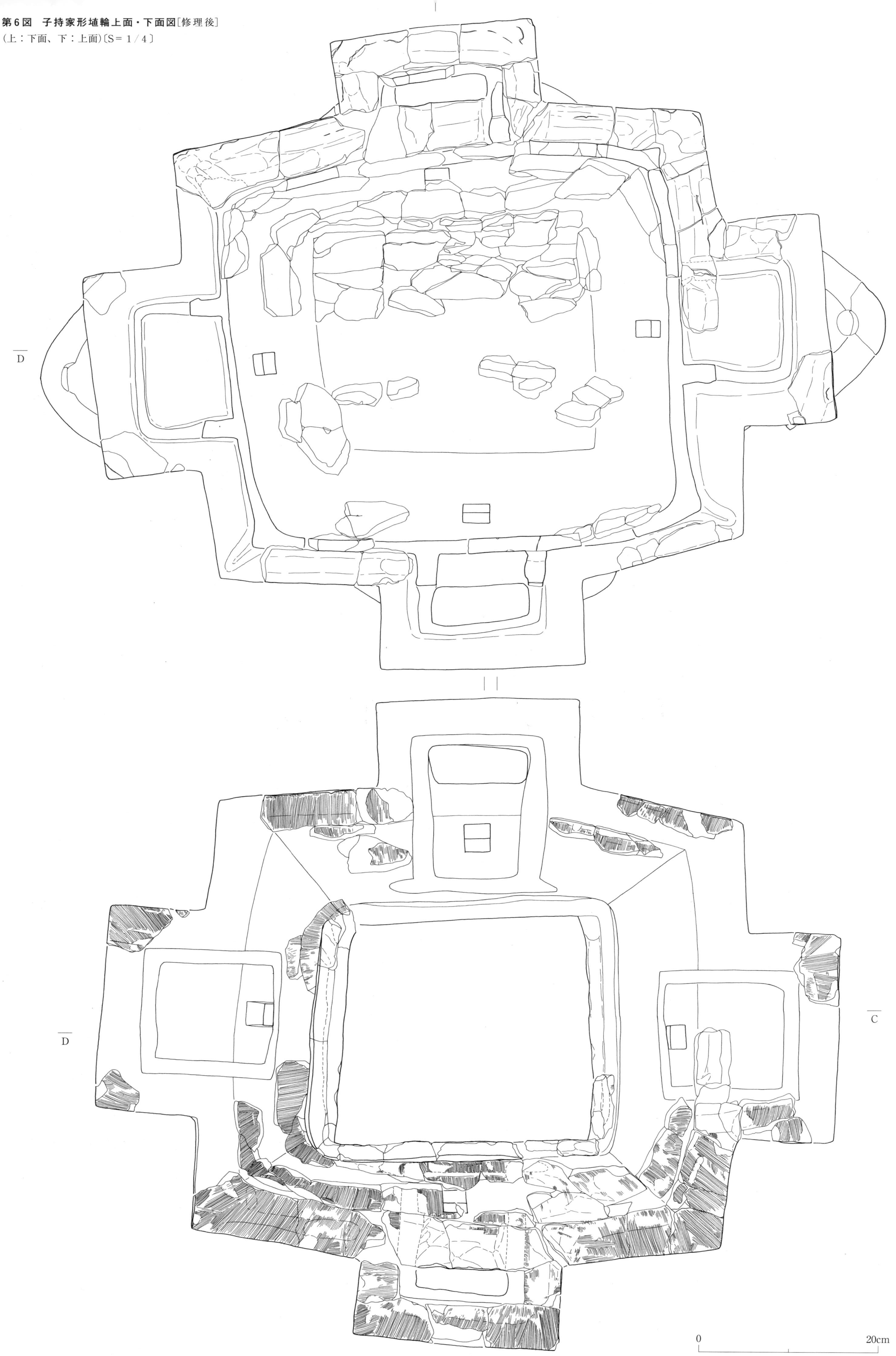

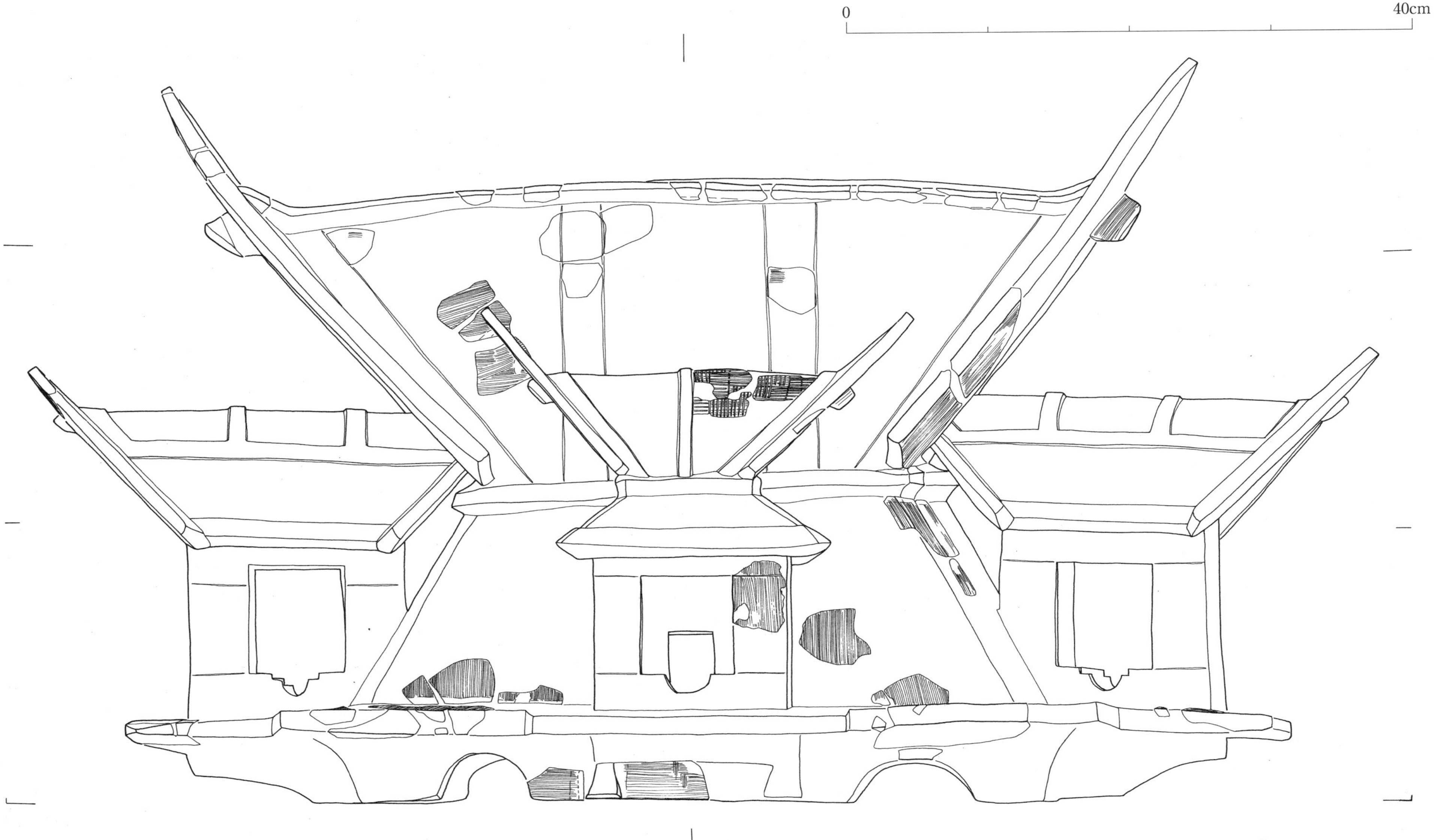

第 7 図　子持家形埴輪側面図［修理後］（B面）［S＝1/4］

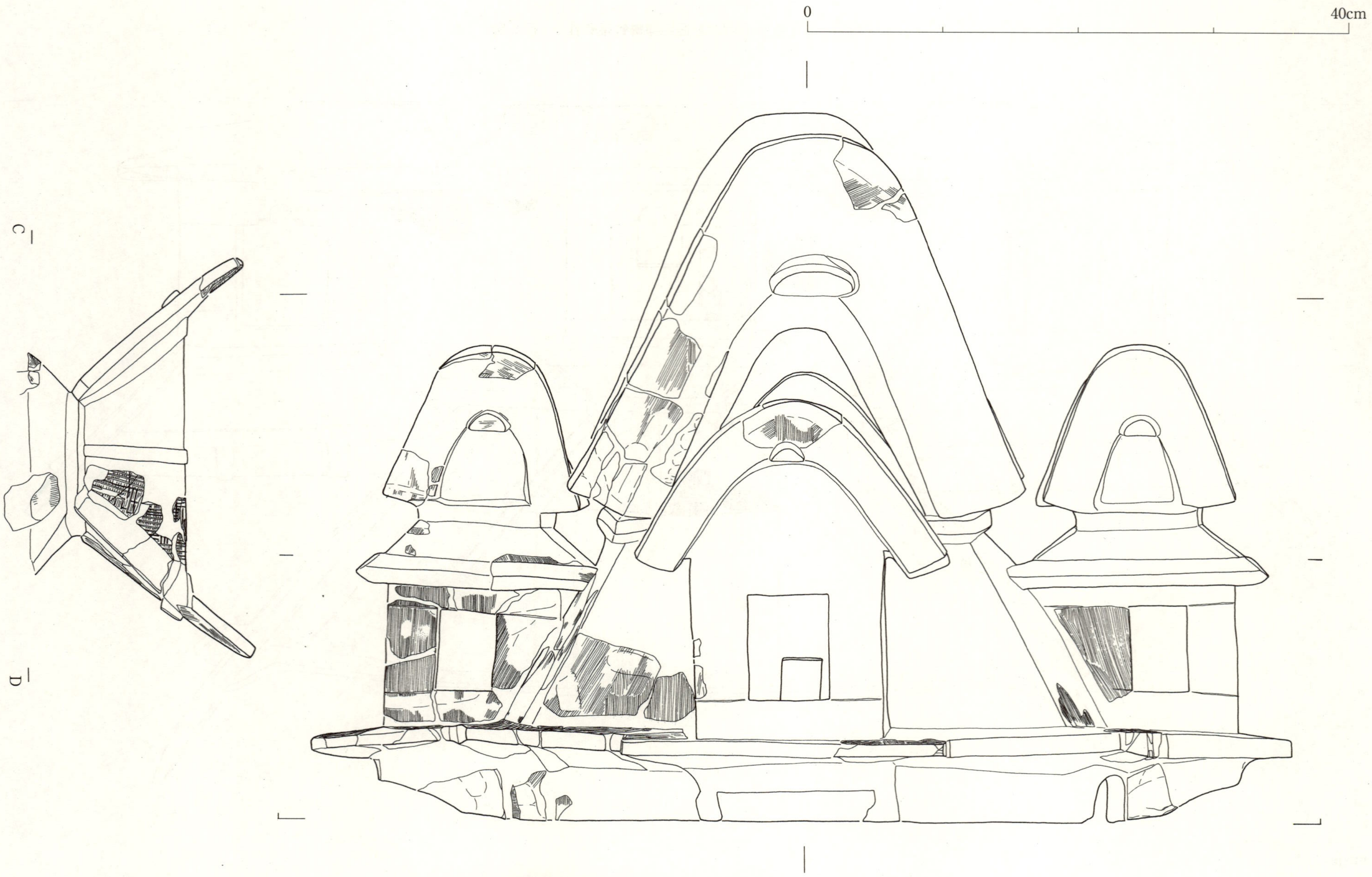

第 8 図 子持家形埴輪側面図［修理後］（左：付属屋 a 背面、右：C 面）〔S＝1/4〕

第 9 図　子持家形埴輪側面図[修理後]（左：付属屋 b 背面、右：D 面）(S＝1/4)

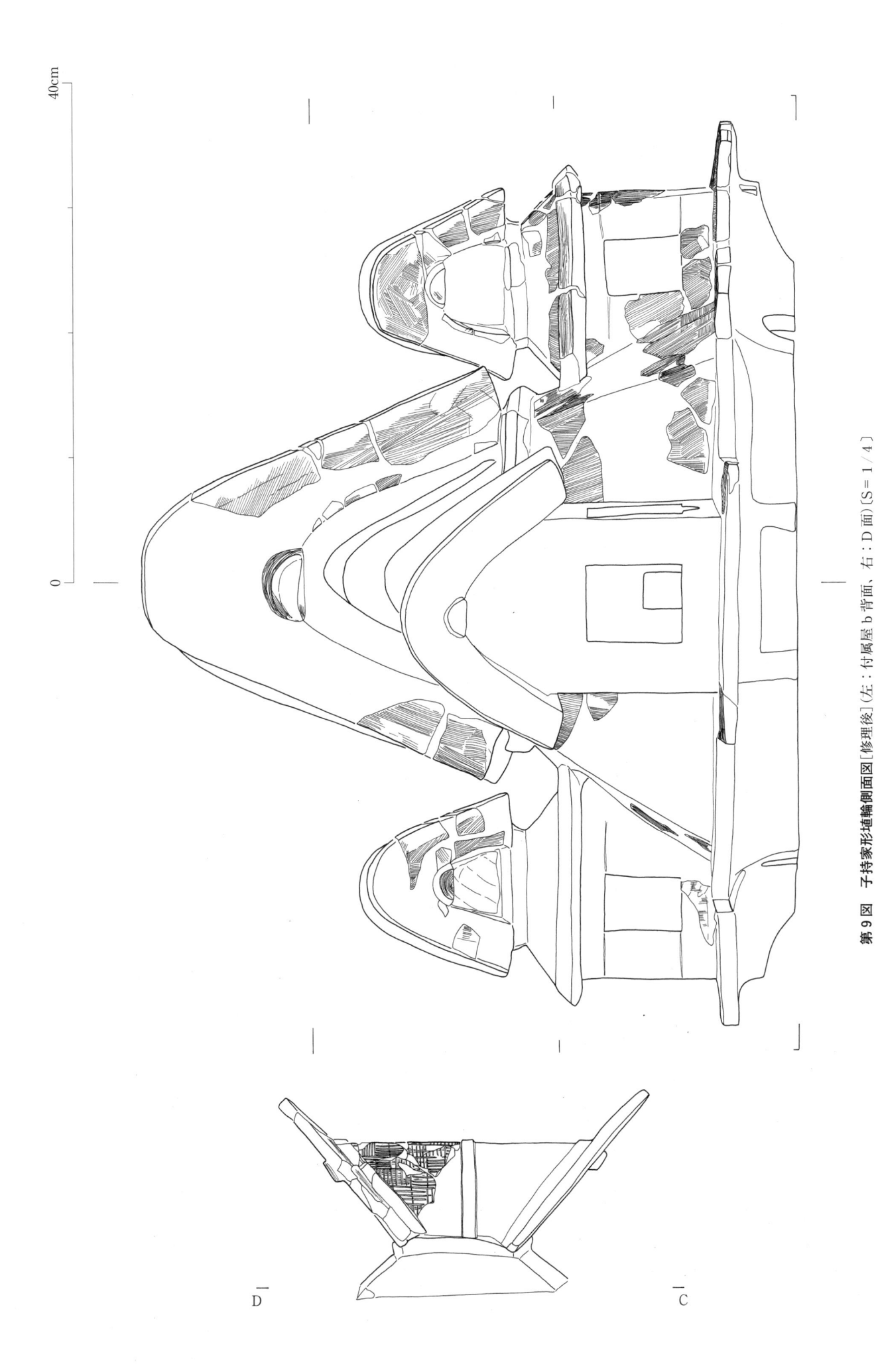

第10図 子持家形埴輪断面図［修理後］(A－B断面)［S＝1/4］

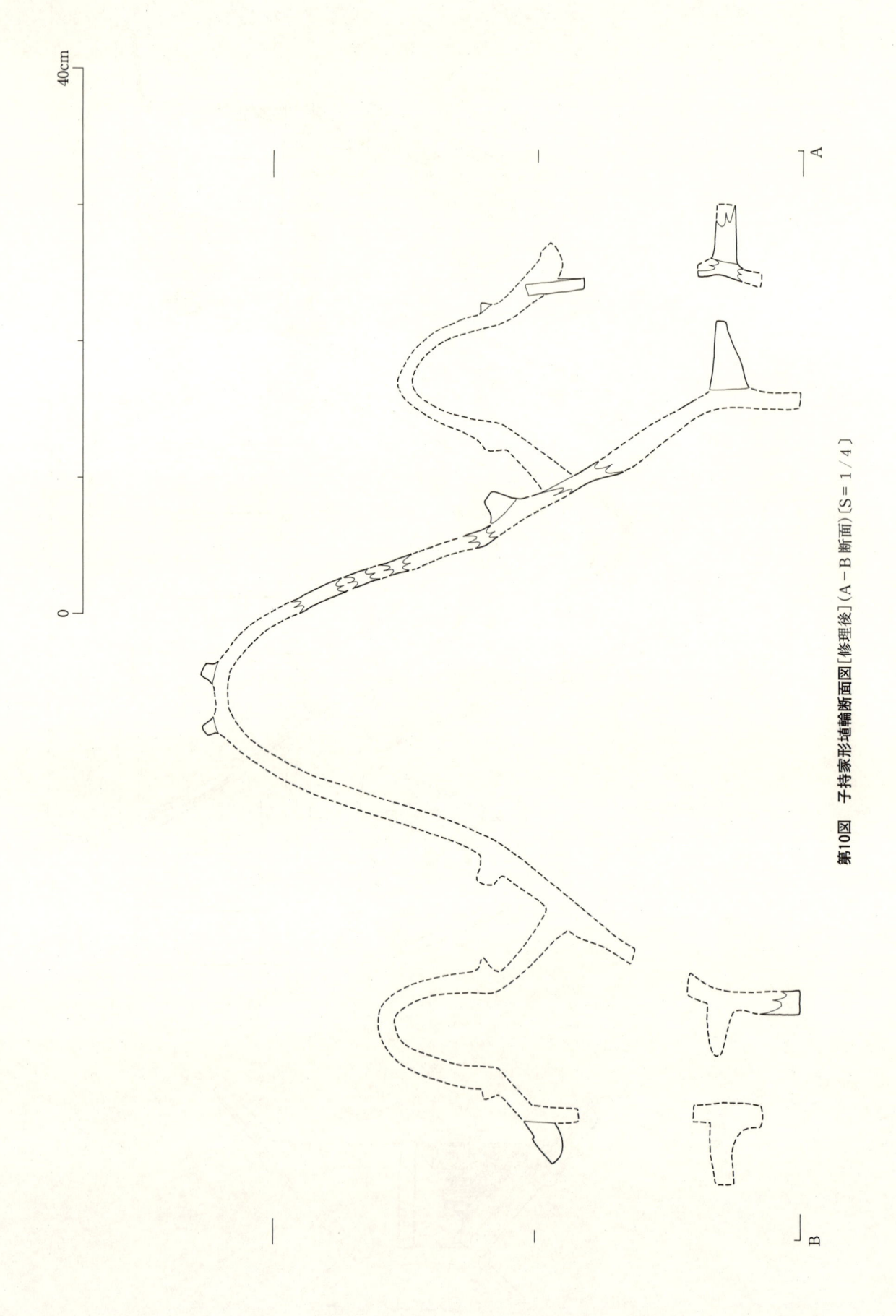

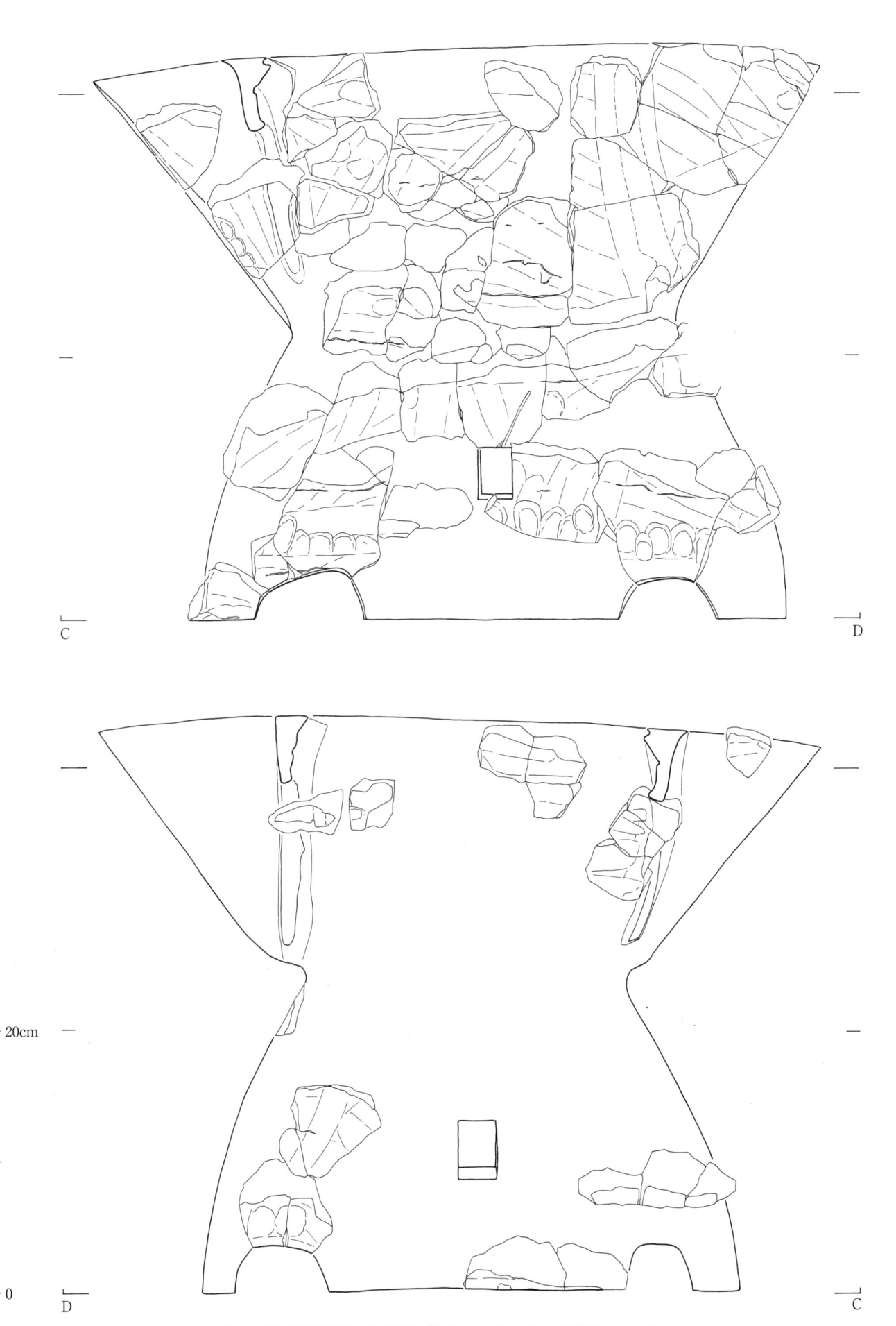

第11図　子持家形埴輪内面図［修理後］（上：A面、下：B面）〔S＝1/4〕

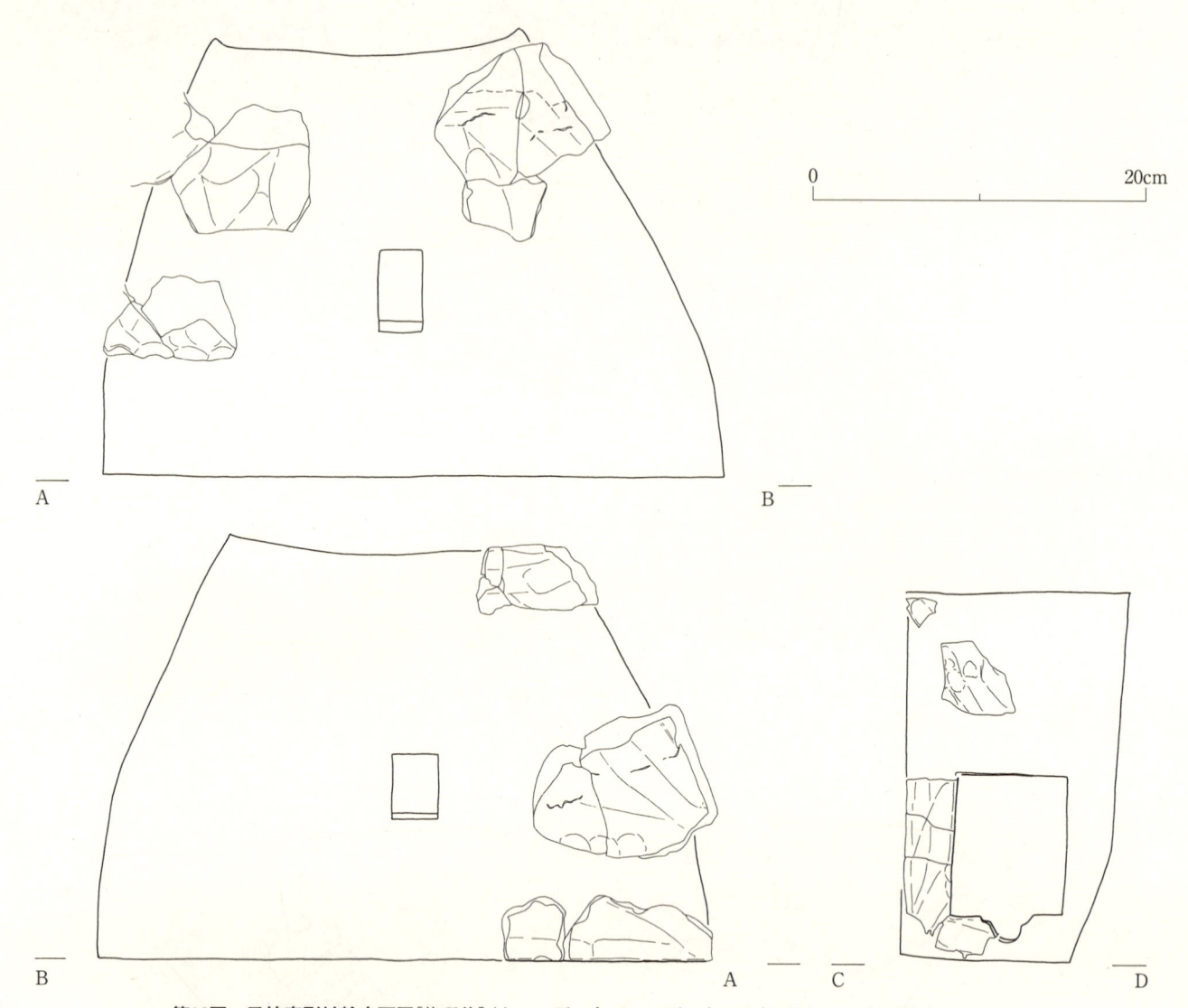

第12図　子持家形埴輪内面図［修理後］（上：Ｄ面、左下：Ｃ面、右下：付属屋ｃＡ面側壁）〔Ｓ＝１／４〕

　棟先部分は、粘土塊を芯として半円形に粘土を巻き付けた造りで、外周に横ハケ調整を施して仕上げ、破風頂部の下端に下方から強く押圧して貼付する。前面は平坦に仕上げられ、周囲はヘラ状工具で面取りを施す［PL27-5～8］。

　また、寄棟部と切妻屋根部は、内傾手法による粘土紐の圧着を行った後、外面には屋根基部突帯を廻らせている［PL16-7］。この突帯は細い粘土紐を芯に周囲に粘土を巻き付けたもので、横ナデによって貼付するが、下面には指頭圧痕が連続して顕著に残る［PL30-1～5］。

　次に、寄棟部および基部は、やはり内面に粘土の接合痕が随所にみられ、接合痕は切妻屋根部同様におよそ５～８cmごとに観察されるので、一定幅の粘土帯を断続的に積み上げていったことが窺える。ただし、粘土帯が角度を変えて積み上げられ、寄棟部と基部接合部分の内面には強い指頭圧痕が連続して観察される［PL31-3～6］。これは、外周に器台部を廻らせるために、とくに入念な造作が行われたためと考えられる。なお、半円形の基部透孔は、内面の接合痕や指頭圧痕を切って造り出されている［PL18-5、31-5］。

　寄棟部隅部分の造作に関しては、確認できる破片が少ないため詳細は不明であるが、いずれの隣接する隅部分でも両面にわたっている破片が多い［PL18-5、30-1・2］。なかには、接合痕が連続する破片もあり、前期古墳から出土する家形埴輪のような両面を隅部分で縦方向に接合する手法とは異なる可能性が高い。

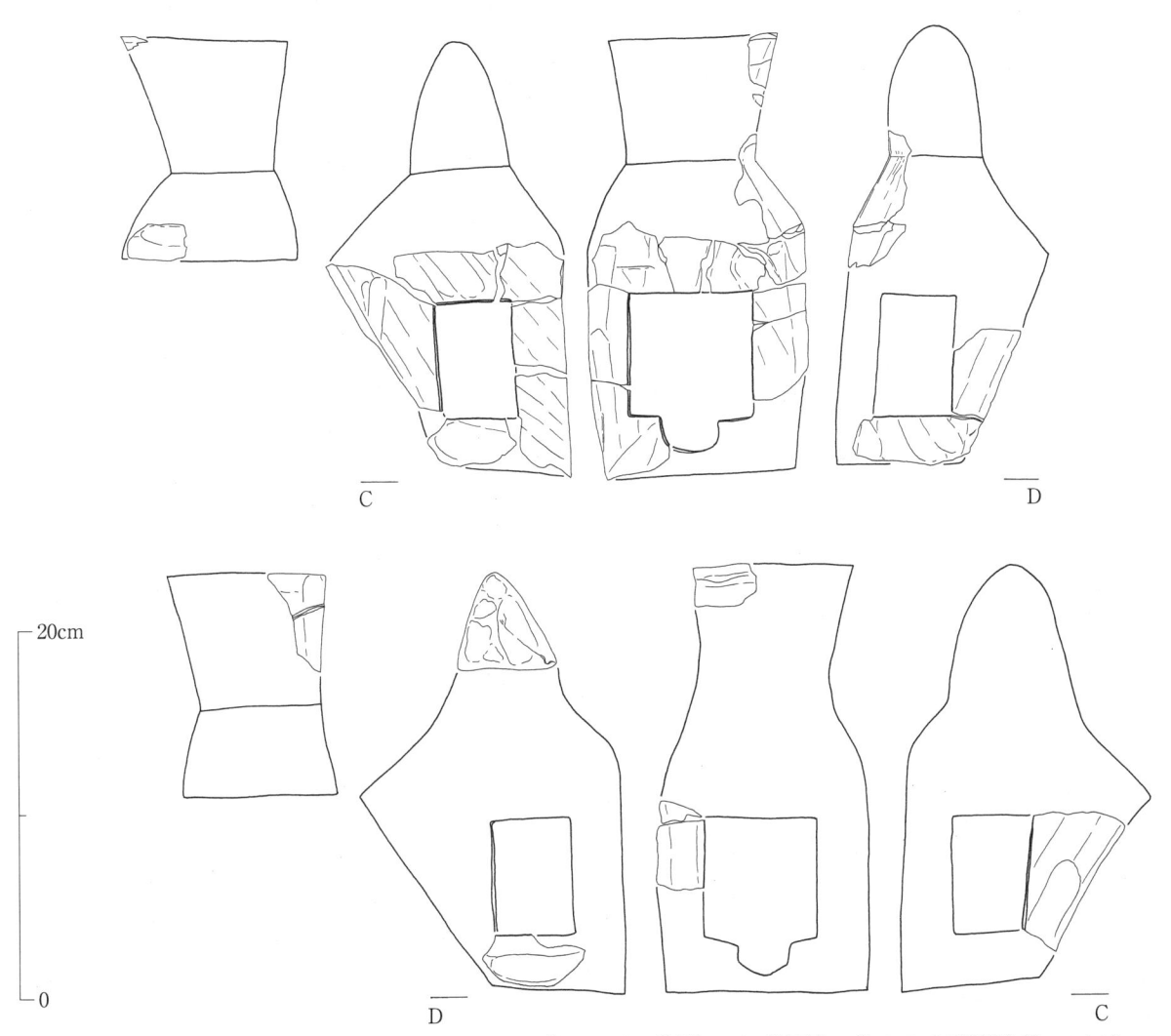

第13図　子持家形埴輪内面図［修理後］（上：付属屋a　背・C・A・D面側壁、下：付属屋b　背・D・B・C面側壁）〔S＝1/4〕

　器台部は、幅4～6cmで、各辺中央部分にはさらに付属屋a～dの壁部に沿った幅4～5cmの付属器台部が連続する。A・C面は位置関係が明確であり、付属屋a・cに接する部分を有する。D面も付属器台部の隅部が残存し、形状を想定することができる。器台部および付属器台部は、下面に観察される接合帯から、器台部および付属屋外面に貼付する幅約2～3cmの粘土帯の外側に幅約2cm程の粘土帯を接合し、さらに隅部には三角形に粘土紐を加えて成形していることがわかる［PL32-2・6・8、33-2］。このような隅部の造りは、器台部や付属屋の壁部下端にも共通して観察される。また、AC隅の下面には補強突帯が設定されており、他の各隅部にも同様に設定されていたとみられる［PL18-3・4、33-5］。

　一方、A面の付属器台部には、C面側壁部分の下面に補強突帯を有するので、他の付属器台部にも存在していたと考えられる［PL33-11］。器台部分および付属器台部分は、主屋と付属屋の製作工程を検証する重要な部分であるので、両者の成形の先後関係については後述する。

付属屋　屋根部・壁部ともに、付属屋a以外にはほとんど破片が遺存しないため、付属屋b～dに関しては各部の特徴を取り上げて、適宜、付属屋aと対比させて観察する［PL19、20］。

　切妻屋根部は、付属屋aと付属屋bの網代の表現と器厚が著しく異なる［PL34-1・2、35-1・2］。破風部分は、基部に押縁突帯を有する。付属屋a・bは共に、ハケメ調整されるが、接合関係から両者の分離は可能であった。また、付属屋cもハケメ調整される屋根頂部が残存するが、破風部分の開きが大きいために、

切妻屋根造の形状が大きく異なっているほか、造りも薄手である[PL36-3・4・7・8]。内側は斜め方向のナデ調整で、隅部は縦方向にナデ調整を施す。なお、付属屋a・bでは、切妻屋根部の破風部分下面に棟先部分を貼付する[PL34-1・2、35-3・6]。壁部は、隅部で剥離している部分が多く、板状の壁部を隅部で縦方向に接合したものと考えられる[PL34-9・10、36-5・6]。この点は、前期の家形埴輪における壁部の造りと共通する手法とみられ、主屋の寄棟部とは異なる手法である。壁部は、付属屋aは前壁部分にのみ正方形の窓部分に一段の踏込剌形を設け、付属屋cではA面側壁部分で二段の踏込剌形を設ける。付属屋aの前壁部分では、左右壁部分とも共通して窓部分の上下辺に揃う位置に水平方向に沈線が引かれ、窓部分を刀子様工具で穿つ際のケガキ線の役割をもたせたものとも考えられる。このような沈線は、付属屋bの前壁部分、付属屋cのA面側壁部分にも認められる[PL34-9、36-5]。

　次に、付属屋bの妻壁部は、三角形の粘土板の外周に粘土紐を継ぎ足した逆U字形の粘土板を造り出し、切妻屋根部の内側に貼付されている[PL35-4・5]。しかし、切妻屋根部の弯曲が付属屋a・bよりも緩やかな付属屋cでは、同様な造りの妻壁部を挟んで切妻屋根部を造作しており、明らかに手法が異なっている[PL36-4]。これらの点や主屋と付属屋壁部の製作手法における差異は、製作手法の具体的な違いを示すもので、各付属屋相互および付属屋と主屋との工人差の解明につながる点として注目される。なお、付属屋cでは、切妻屋根部の成形も壁部上端を挟んで行われているとみられる[PL36-8]。

主屋と付属屋　器台部下面は、ナデ調整で、粘土帯の接合痕が顕著に残る。この接合痕はA面からB面にかけては、連続的に観察できる。その連続性から、A面器台部は付属屋aの内部に延び、この上に付属屋aのC・D面側壁部分が貼付されているため、付属屋の内外に位置する器台部は連続成形されたと考えることができる[PL32-3・4]。

　一方、付属屋a外周の付属器台部も、A面器台部に連続している。ところが、付属屋aの各壁部は付属器台部の内側に位置し、解体時には前壁部分の正面外面に剥離面を確認しているので、とくに前壁部分は明確に付属屋器台部に貼付された状況が確認できた[PL18-1・2、32-1・2、33-9]。このため、付属器台部の造作は、前壁部分を伴った付属屋の側壁部を器台部上に貼付した後に、器台部外側面から連続して前壁・側壁部分の外周に貼付しながら進められたとみられる。そして、付属屋aでは、この後に付属器台部の下側に補強突帯が側壁部分の下端に継ぎ足されているものと判断された[PL18-8]。同様な手法は、C面の器台部が、付属屋cの内側に連続成形されている点にもみることができる[PL32-5・6]。

　ところで、付属屋aの前壁部分およびC面側壁部分の前壁側は、付属器台部の内側で上下に連続していることが確認できる。この部分は、いずれも著しく器壁の厚みを減じており、外周に付属器台部を貼付する際に相当強い押圧が加えられた結果とみられる[PL33-9・10]。これは、器台部よりも前面に張り出した不安定な位置での作業に起因するものと考えられる。

　また、A面およびC面器台部の付属屋a・cの内部に延びる部分には、ハケメ調整が施されておらず、付属屋外部に位置する器台部では共通してみられる刀子様工具による側面端部の調整もみられない[PL32-3〜6]。この部分には、ナデ調整のほか指頭圧痕が顕著に残されているため、器台部上面のハケメ調整は付属屋の設置後に施されたことが確認できる。

　以上のことから、各付属屋は主屋の外周に設置した器台部上に、前壁部分が張り出した状態で両側壁部分を貼付して設置した後、さらに付属屋外周に付属器台部を設定したと推察される。このとき、器台部下面には延長壁部分を設定するが、付属屋の重量を支えるために、基部から補強突帯を延長して一体化させたと推察される。

補修痕 最後に、旧修理では補修で覆われていたために知られていなかったが、新たに確認された製作途中で生じたとみられる補修痕跡について触れておきたい。

解体時に、A面器台部右半部分と付属屋aの付属器台部が連続する部分に、付属屋aのC側壁部分の主屋寄棟部側に向かって大きな亀裂が走り、この亀裂はさらに主屋の寄棟部にも連続して及んでいることが確認された[PL31-2・6、32-9～11]。この亀裂の断面部分は、酸化焼成されており、亀裂部分の外面両縁付近に観察される不規則な指ナデによる調整からも、焼成前に生じた亀裂であると判断された。これは付属屋aと付属器台部の重量に、A面器台部および主屋寄棟部が耐えきれずに亀裂を生じた結果と推定された。あるいは補強突帯設置以前に生じた可能性も考えられる。

また、同様に剝離面等に酸化焼成が及んだ部分は、B面寄棟部左半部分の下端に位置する破片のB面器台部との接合部分等にも確認でき、この部分も欠失するB面器台部との間に亀裂を生じていた可能性がある[PL33-3・4]。

2） 船形埴輪[第14～18図]

①形式と構成

形式および各部の構成は、修理前と変化はない（前章1の②を参照）。また、構造と名称も修理前と同一である。ここでは、修理前と修理後における変更点や規模等を確認する[PL3～5、6-2]。

変更点と復元 破片の移動が必要な箇所はなかったが、旧修理では破片が膠・漆等の接着剤によって接合されていたため、部分的な歪みが各所にみられた。クリーニング後の破片の接合によって、各破片は相関的な距離を微妙に変化させている。

船底底部については、破片がほぼ完存するため、破片の接合状況に応じて形状を決定した。とくに、舳先部側がやや上げ底気味であった船底底部は、ほぼ平坦な形状に復元された。舷側板部は、遺存率がよい左舷側板部を中心に接合関係の検討が進められ、左舷側板部に関しては、ほぼ旧状に問題がないことが確認された。しかし、石膏復元部分の多かった右舷側板部に関しては、接合箇所の少なさに加え、左舷側舳先部の接合不良による歪みに影響され、船底底部とともに大きく歪んでいた。そのため、船体全体が大きくS字状に弯曲していたため、修正された左舷部と接合する船底底部に合わせて修正した結果、右舷側板部も緩く弯曲する滑らかな側面をもつ形状に復元された。舷側板突起の欠失部分については、右舷側板部の第2・5突起、左舷側板部の第2～6突起について、剝離の痕跡を確認して復元した。また、船縁部分に関しては、残りのよい左舷部分に準じて右舷部分を復元した。

飾り板部は、艫部分の高さについては、確定することができないが、左舷側飾り板部は船底部と接合しており、飾り板部先端の抉り込みと前縁の二股に分かれる突起状部分の位置を確定することができた。これに対し、舳先部の飾り板部は、ほぼ残存するものの船底部との接合関係がごくわずかで、その高さを確定することは困難である。その他の部分も、接合に根拠を求められる部分がないため、旧状に復元した。

しかし、舳先部分の飾り板部の開きについては、破片の接合部分が多く、漆等の旧接着剤を除去して確認した結果、ほぼ両舷板下半部から直線状に立ち上がり、2種の貫部分との接合関係からも、あまり先端部が開かない形状に復元された。なお、左舷側板部の外面に欠失していた棒状貫部分および板状貫部分については、残存する両貫部分の形状から復元した。

船板部は、両舷側との接合部に欠失部分が多いが、隔壁部分に関しては両舷側部内面に貼付されており、

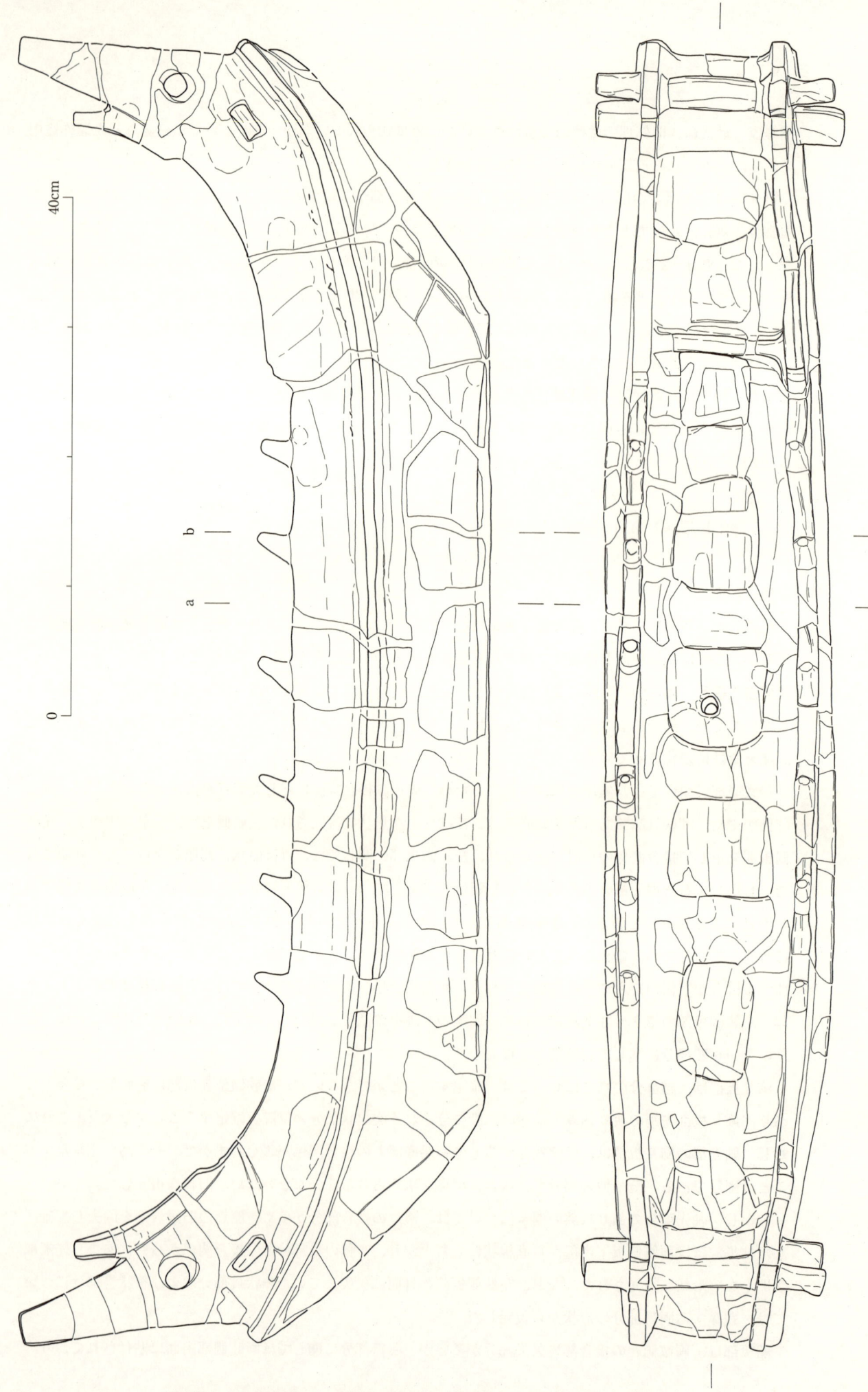

第14図　船形埴輪側面・上面図［修理後］（左：左舷側、右：上面）〔S＝1/4〕

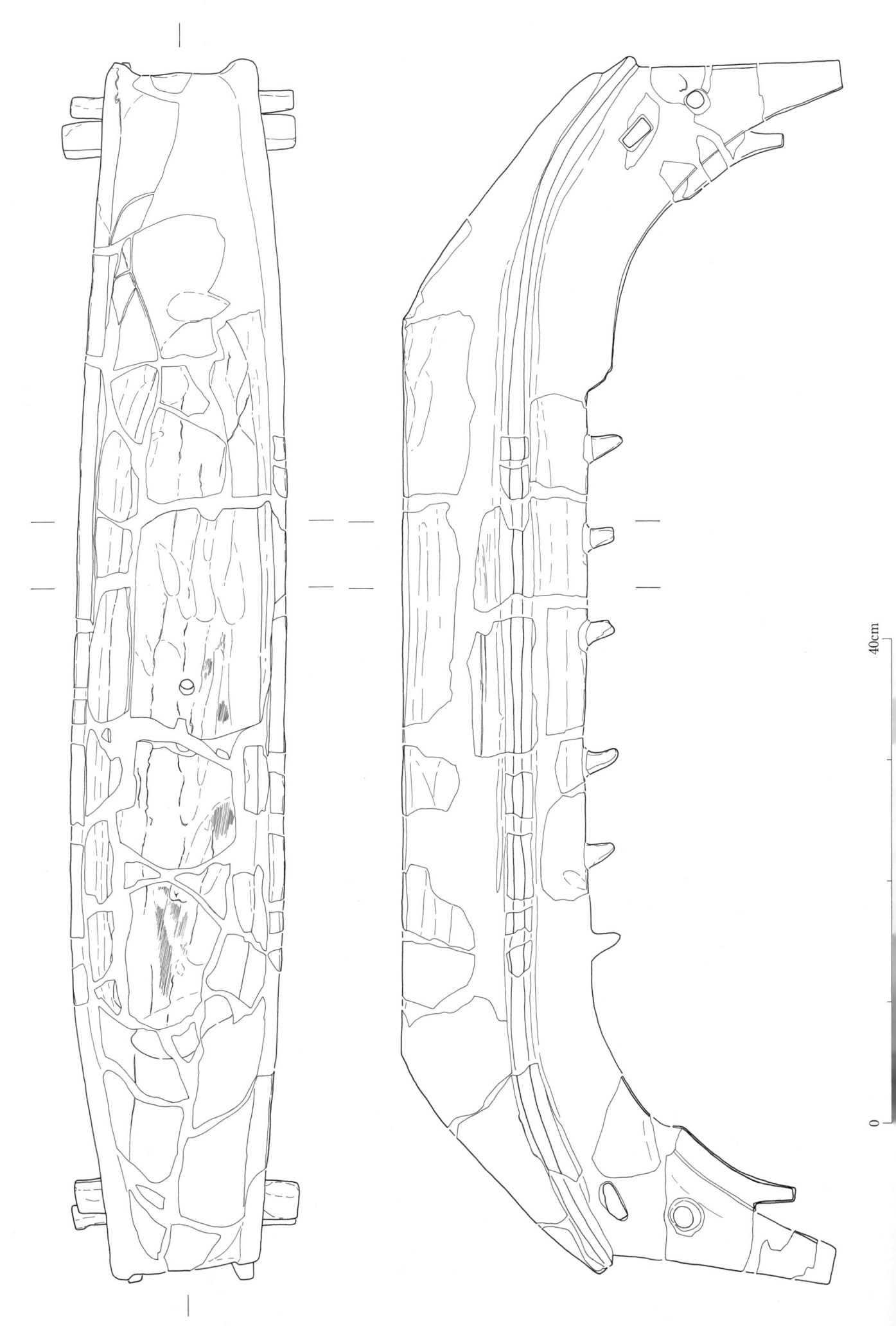

第15図　船形埴輪側面・下面図［修理後］（左：下面、右：右舷側）〔S＝1/4〕

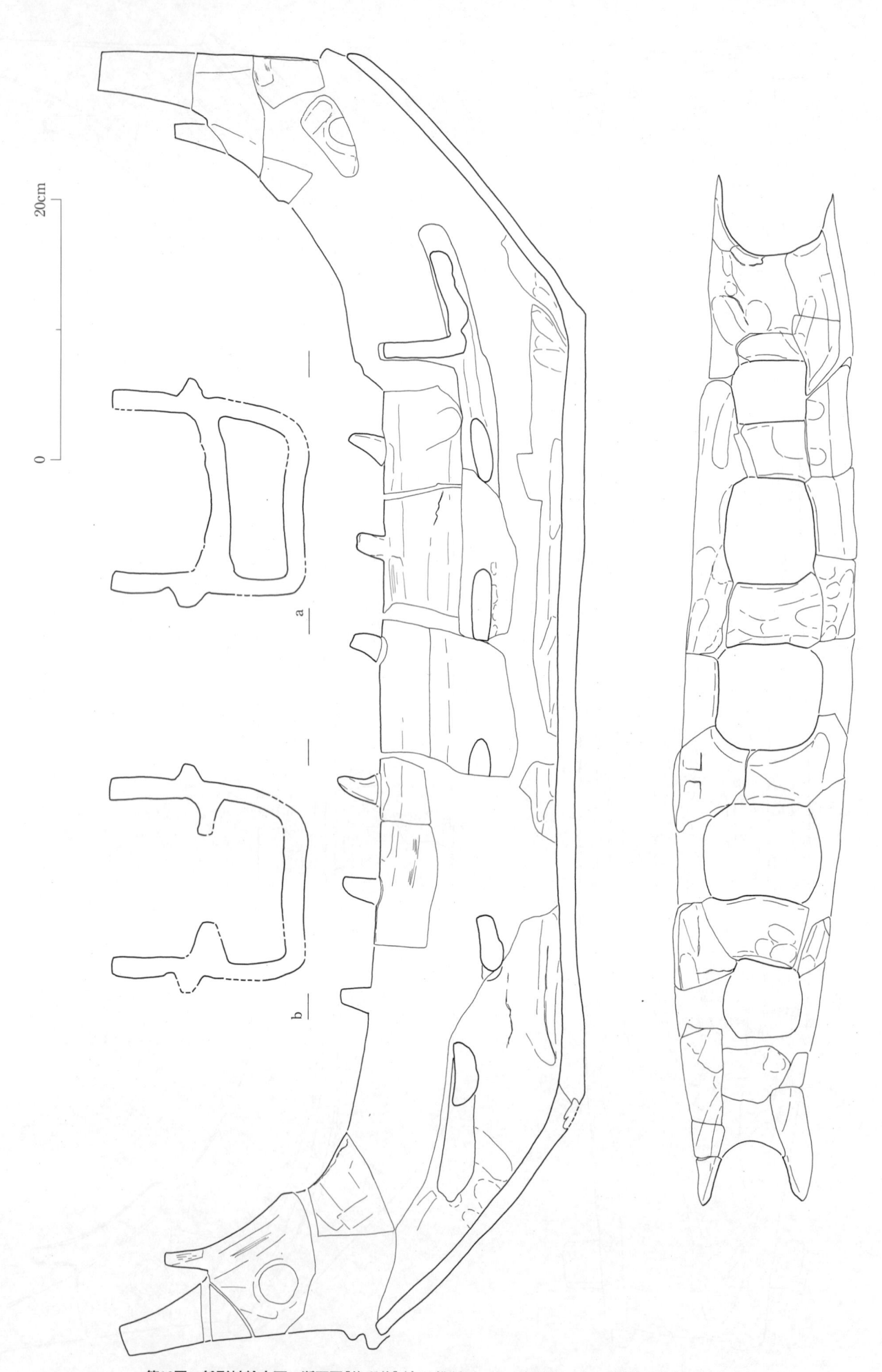

第16図　船形埴輪内面・断面図［修理後］（左：横断面、中：右舷側、右：甲板下面）〔S=1/4〕

― 42 ―

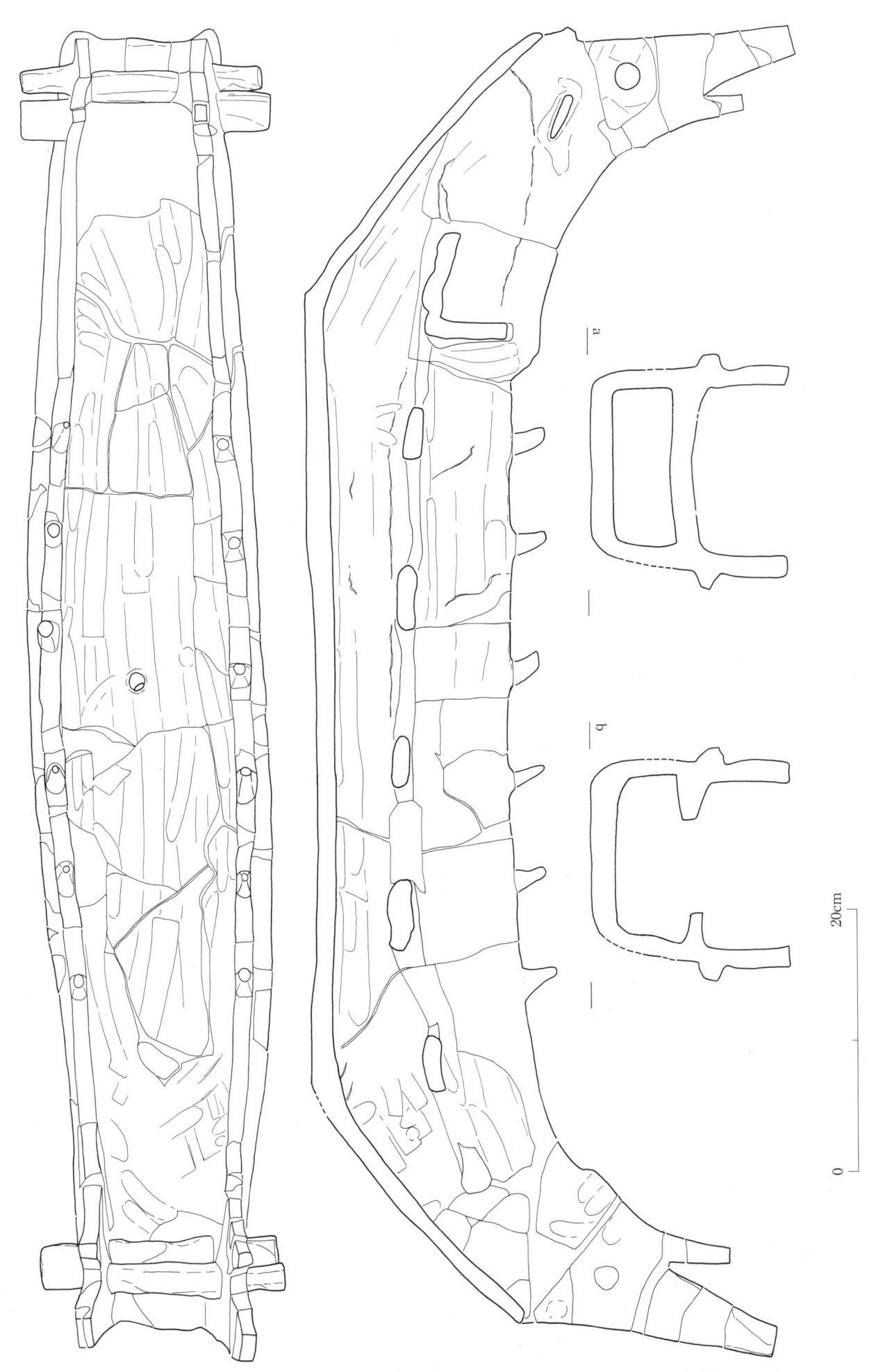

第17図　船形埴輪内面・断面図［修理後（右のみ修理前）］（左：船底面、中：左舷側、右：横断面）〔S＝1/4〕

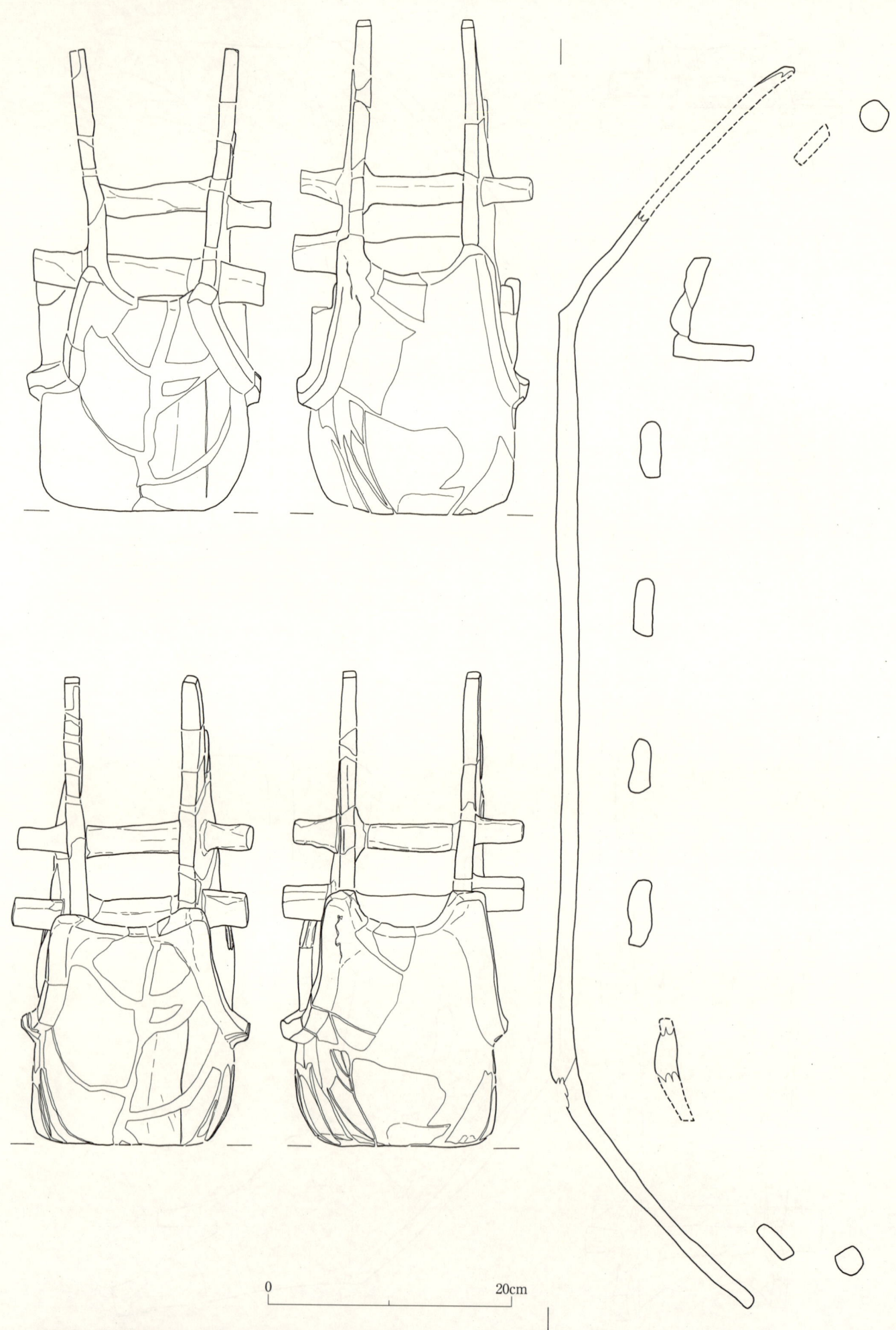

第18図　船形埴輪側面・断面図［修理後（下段）・修理前（上段）］（左上・左下：正面、中上・中下：背面、右：縦断面）〔S＝1／4〕

— 44 —

船体内での位置が確定できた。その他の部分は、両舷側板部内面との接合関係を確認しながら復元し、接合痕跡をたどりながら欠失部を補った。なお、隔壁部は第5窓状部分に接する位置であることが確認された。

修理後の法量　全長は100.7cm。船底部から飾り板部上端までの高さは、37.5cmである。船底部長67.6cmで、船縁部分の長さは60.6cmである。舷側板部は高さ4.0〜6.3cm、厚さ1.6cmで、6個の舷側板突起は5.5〜8.5cmの間隔で並ぶ。両舷側板部の間隔は外側で、15.7cmである。板状貫部分は、幅3.0〜3.8cm、長さ3.6〜3.8cm、棒状貫部分は径2.2〜2.7cm、長さ3.0〜3.8cmである。隔壁部分は、高さ5.2cm、厚さ1.3cm、船板部と船底部内面の距離は4.0〜7.6cm、舷側板部上縁との距離は、6.0〜7.0cmである。また、舳先部における両舷側の飾り板部の幅は、最大で10.9cmである。

②製作技法と各部の特徴

　修理途上および修理後の調査で判明したことを踏まえ、各部の特徴と製作技法等をまとめることとする。

外面調整　船体各部は、船底底部下面にハケメが残されていることを除けば、外面は基本的にナデ調整によって仕上げられている［PL21、22−1、37−1・3・5、38−5・7、39−1・3・5］。

内面調整　船板部より上方の部分は、同じくナデ調整であるが、下方の部分に関しては、指ナデが残る［PL37−2・4・6、38−6・8、39−2・4・6、40−9］。とくに、船底部全体と舷側板部との境界部に顕著である。

胎土　砂粒を多く含み、褐色の2〜5mm大の亜角礫を多く含む。

色調・焼成　内外面とも、淡黄灰褐色で、断面および剝離部分は対照的な暗灰色を呈する。堅緻に焼き上げられており、風化は著しくない。右舷船底部の舳先側の一部に、明確な黒斑が認められる［PL3−1、4−1、12−4］。

舷側板部　まず、船体部の断面形を観察すると、舷側板部は船縁部分を境に下方の船底部底部分に向かって緩く収束しているのに対し、上方はほとんど直線状に立ち上がることがわかる［PL38−5〜8、39−1・2、40−9］。また、船体の前後方向には直線状であるが、緩く波打つような形状が認められる［PL5−3、6−2、13−3・4・6］。このような特徴から、舷側板部上半部分の成形方法については、粘土紐巻上げではなく、横長の粘土板を縦方向に積み上げて使用していると考えられる。これは、当該部分の破片が板状を呈し、破断の方向も巻上げ製作に通有な回転体の方向性がみられないことからも、蓋然性の高いことが予測される。

　また、船縁部分から上方に位置する両舷板側部と、これに連続する飾り板部には、指ナデおよび指頭圧痕が一切認められない［PL37、38−1・2］。また、飾り板部周縁および舷側板部の上縁は、著しく平滑な平坦面で構成され、砂粒の移動もみられる。舷側板部側面のナデ調整は、これらの平坦面の形成より後に施されることから、これらの平坦面は、子持家形埴輪同様、刀子様工具によって形成されたものと考えられる。

　これに対し、甲板状の船板部は、中央部分に列状に大振りの5個の略方形の窓状部分があり、両端部は両舷側板に接する部分が延びて、U字形を呈する［PL22−2、40−1〜8］。基本的に手捏成形のような形態を呈している。上面は軽くナデを施して仕上げているが、下面には指頭圧痕が顕著に残存する。両舷側板部内面には、幅約2.5cm程の粘土板を突帯状に貼り付けており、この突帯状粘土にさらに6枚の粘土板をわたして、両者を指頭により押圧して成形しているとみられる。

船底部　一方、舷側板部の船縁部分より下方部分、および船底部の舳先・艫部分は連続した曲面を形成している［PL39−1・2、40−9］。破片の破断状況からも、これらの部分の粘土紐は水平方向に連続していることが窺われ、粘土紐を巻き上げて成形しているとみられる。

　これに対し、舳先部・艫部の立ち上がり部分を除いた船底底部は、やや上方に弯曲するもののほぼ平坦で、

下面には長軸方向に粘土紐の合わせ目の痕跡が観察される[PL39-3〜6]。また、舷側板部および船底底部の舳先部・艫部の立ち上がり部分との接合面も、破片の破断面がほぼ水平であることから、船底底部は1枚の粘土板から成形されていたものと考えられる。この粘土板はおおむね幅約2cmの粘土紐を4本使用して造り出されたものと推定された。

なお、板状・棒状貫部分については、それぞれ不整形な表面形状をもっており、手捏手法で製作した粘土棒および粘土板を、指頭で押圧して貼付したものと考えられる[PL40-10〜13]。

製作技術の特色　以上から、各部の製作技術には、大きな差があったと考えられる。

船底底部は、粘土紐を4〜5本平行に並べた粘土板を用いて製作したことが窺われる。これに対し、船底部の上半部分は、粘土紐を巻き上げた舳先部および艫部と一体に成形されたようである。一方、舷側板部と飾り板部部分は、粘土板から成形したと考えられ、船底部と圧着・接合して船体部を成形する。

一方、船縁部分は、舷側板部の中位外面に、突帯状に貼り付けて成形している。船板部分は、舷側板部の中位内面に、まず一部を突帯状に貼り付け、さらに貼付した突帯に細長い粘土板6枚をわたして成形しているとみられる。船板部の艫部側には、粘土板で成形した隔壁部を接合するが、この部分は板状粘土を用いていたと考えられる[PL22-3・4、38-3・4]。また、舷側部の舳先・艫部に付属する飾り板部の内外面には、粘土棒および粘土板で成形した板状および棒状貫部分を貼付する。

このように、本船形埴輪は、粘土紐巻上げ成形と粘土板成形技法を組み合せて製作されていることが特徴である。

第4章　子持家形埴輪・船形埴輪の考古学的検討

1) 研究略史

　宮崎県西都原古墳群出土の子持家形埴輪と船形埴輪は、大正・昭和期の早い時期に発掘および修復されたため、第2次大戦前からもっともよく知られた家形埴輪・船形埴輪といってもよいであろう。

　とくに、船形埴輪はいち早く学会に紹介[1]され、古墳時代の船舶を考える上でも著名な資料として知られてきた(第α図2)。戦後、船舶史の立場から古墳時代船舶の発達段階を位置づける際に、本船形埴輪が準構造船の存在を示す重要な根拠として採り挙げられた[2]。このため、それまで神話・伝承等から想像されてきた奈良時代以前の外洋船[3]と古墳時代船舶を象った船形埴輪が直接結びつき、船形埴輪は古墳時代の外洋船を象ったものというイメージが急速に定着していった[4]。近年、船形の形象埴輪・土製品・線刻画等の類例の増加に加え、実物の準構造船の一部[5]が出土したことなどから、具体的な構造を検討できる資料が多様化し、さまざまな検討が試みられている[6]。

　一方、子持家形埴輪は、奈良県佐味田宝塚古墳出土の家屋文鏡[7](第β図1)とともに竪穴住居を表した家形埴輪として、やはり早くから広く知られてきた[8](第α図1)。しかし、戦後、一般の集落における通常の竪穴住居ではなく、集会所または喪屋のような特殊な用途の大規模建物として位置づける見解[9]も提出され、奈良県東大寺山古墳出土の家形飾環頭大刀[10](第β図2)とともに、伏屋式建物の性格をめぐる重要な資料として位置づけられている。

　しかし、両埴輪の具体的な構造が不明であったこれまでは、これらの研究はいずれも外形(形態)を類似資料と比較したもので、その原形(モデル)を検証する作業はあまり進められてこなかったといえる。しかも、いわゆる埴輪表現を含んだ形象埴輪の形態とその原形は、それぞれの埴輪における部位の構成と形態の特性を確認してからでなくては、にわかに検討することはできない。

　両埴輪の各部にわたる具体的な形態については、すでに前章までに述べたとおりであるが、まず最初に解体修理調査の成果を踏まえて、このような作業の前提となる両埴輪の構造を確認しておきたい。

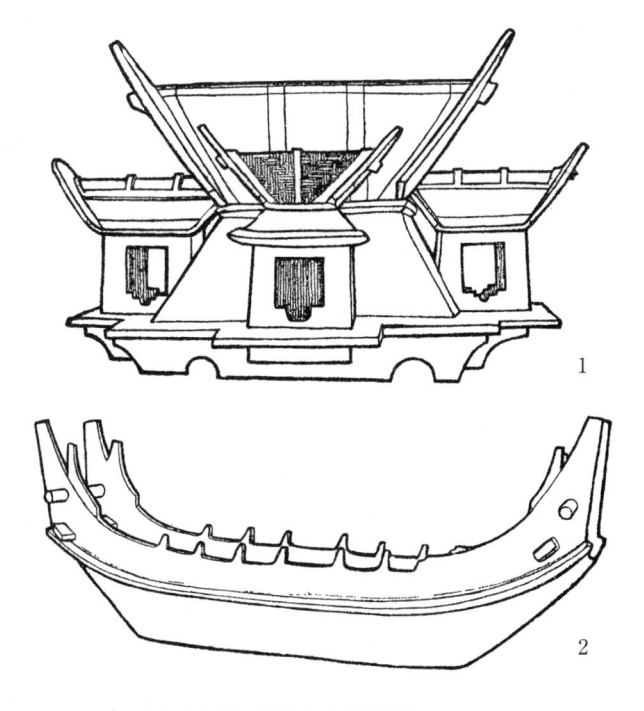

第α図　宮崎県西都原古墳群出土形象埴輪
　　(1：子持家形埴輪、2：船形埴輪)〔小林1951〕

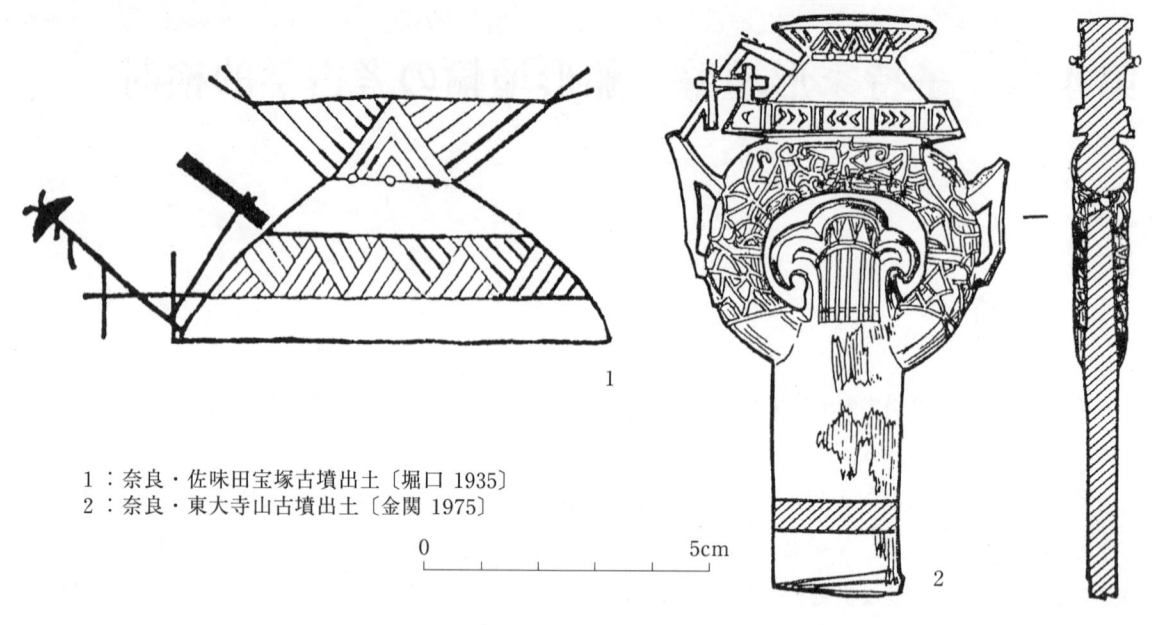

1：奈良・佐味田宝塚古墳出土〔堀口 1935〕
2：奈良・東大寺山古墳出土〔金関 1975〕

0　　　　　5cm

第β図　伏屋式建物関連資料（1：家屋文鏡文様、2：家形飾環頭）

2）製作工程と形態の特質

①子持家形埴輪

　まず、製作工程からまとめてみる。主屋には、分離造形技法等の特殊な製作技術を窺える点が認められなかったことから、通有の埴輪の製作工程と同じく、下位の部分から順に製作されたと考えられる。

　したがって、①基部から製作が開始され、②連続して寄棟部をナデ技法で成形し、外面にハケメ調整が施される。③基部と寄棟部の境界外面に、器台部をナデ技法で成形して四周に廻らせる。④器台部上面と寄棟部外面に付属屋を貼付する。⑤それぞれの延長壁部分を設けて付属屋を完成させ、さらに、⑥付属屋前壁・両側壁部外面の三方に、付属器台部をナデ技法で成形して設置した後、⑦各付属屋の両側壁部下方の延長壁部と器台部四隅の下面に補強突帯を貼付する。これらの完成後、⑧器台部および付属器台部の上面にハケメ調整が施されるが、付属屋内部には及ばない。このとき、付属屋a右側の器台部から寄棟部にかけて亀裂が生じた可能性がある。一方、寄棟部における出入口部分の透孔は、②の寄棟部外面のハケメ調整後に穿たれたと考えられる。また、基部透孔と器台部・付属器台部側面および付属屋側壁部分下方に設定された補強突帯下面の刀子様工具による穿孔・調整は、⑦の直後に施された可能性が高い。

　次に、切妻屋根部の完成以前に、⑨屋根基部突帯が貼付された後、⑩切妻屋根部をナデ技法で成形し、⑪妻壁部を切妻屋根部の内面に貼付する。このとき、破風部分は切妻屋根部の外面にすでに貼付されていたとみられる。切妻屋根部・妻壁部の完成後、⑫破風部分を含む切妻屋根部外面にハケメ調整が施された後、⑬大棟突帯が設置され、押縁沈線が施される。なお、破風部分側面の刀子様工具による調整は、⑪の後に施されたと考えられる。

　ところで、妻壁部中央部分には、付属屋c・dの屋根部が入り込むための窓状部分が設けられていたとみられるが、付属屋c・dの設置後であれば妻壁部は突帯状に貼付され、設置以前であれば窓状部分は透孔状に切り取られたと考えられる。剥離の痕跡や付属屋と器台部の先後関係からみて、前者であった可能性が高いと考えられる。また、屋根基部突帯は、寄棟部・付属屋外面や大棟部分の仕上げほど入念な仕上げがみら

－48－

れないことから、すでに付属屋の設置と寄棟部・付属屋外面の仕上げが終了していた時点で貼付された可能性が高い。

なお、付属屋は前壁・両側壁部の接合状態からみて、器台部上面・寄棟部外面への貼付以前に少なくとも壁部は完成していたと考えられる。また、付属屋の切妻屋根部および屋根部も、主屋への設置以前に壁部との結合を完了していた可能性は高い。前章でも述べたように、付属屋a・bの切妻屋根部は、切妻屋根部→妻壁部、付属屋c・dの屋根部は、妻壁部→屋根部という製作順序であると考えられ、製作技法が相違するとみられる。

さて、このような製作における工程や技術の面からみると、各部の形態はそれぞれ異なった位相を示していると考えられる。大きくは、主屋寄棟部や付属屋壁部は比較的写実性が高い形態を示しているとみられるのに対して、主屋切妻屋根部や器台部・付属器台部は粘土紐接合技術や刀子様工具の使用に規制された形態を示していると考えられることである。一方、付属屋a・bと付属屋c・dでは、それぞれの切妻屋根部・屋根部の製作順序が異なる。さらに、主屋の寄棟部と付属屋aの壁部でも製作技術が相違することから、子持家形埴輪では少なくとも2〜3者の製作技術が併存している可能性が考えられる。主屋と付属屋の切妻屋根部における押縁表現の違いも、その可能性が高いことを示していると捉えることができる。

以上のように、子持家形埴輪の独創性の高い造形は、その複雑な構成とともに、粘土紐の巻上げおよび接合方法や刀子様工具による調整等の埴輪製作技術に基づいた独特な構造・形態と、製作工程に現れるような製作技術の相違から生じた形態差をもつ各部の複合的な組み合わせから成り立っていたということが窺われる。

②船形埴輪

子持家形埴輪と同様に、製作工程から復元する。

まず、①粘土紐を4〜5本平行に並べて製作した粘土板で船底底部を成形する。底面にあたる部分には、一部ハケメ調整が施される。これに、②粘土紐を巻き上げて、船底部と舳先部および艫部をナデ技法で成形する。次に、③粘土板から作出した舷側板部を船底部と圧着・接合して、やはりナデ技法で成形する。④船縁部分を船底部と舷側板部の境界外面に突帯状に貼り付ける。また、おそらくこれと前後して、⑤船縁部分にあたる内面に突帯を貼付して船板部の基部を成形し、さらに手捏技法で製作した細長い粘土板を6枚わたして、指頭で貼付して船板部を成形する。さらに、⑥船板部の艫部側には、窓状部分に接する位置に、粘土板で成形した隔壁部を接合する。この後、⑦舳先部・艫部の舷側板部上に、やはり粘土板を用いて作出した飾り板部を設置し、ナデ調整で仕上げる。⑧舷側板部および飾り板部の上端面を刀子様工具によって調整する。最後に、⑨飾り板部の内外面に、粘土棒および粘土板を指頭で貼付して、貫部分を成形する。このとき、⑩舷側板突起が手捏技法で設置された可能性が高い。

このように、本船形埴輪の造形も、とくに刀子様工具による調整や粘土紐を板状に成形して用いる粘土板を使用した成形技法[11]等の埴輪独特の製作技術に基づいた各部の複合的な形態の組み合わせから構成されていたことが明らかになったと思われる。

3）形象埴輪の構造と表現

3世紀後半頃に出現した最初の埴輪は、土器が仮器化したもの[12]であり、その意味では埴輪は誕生した時

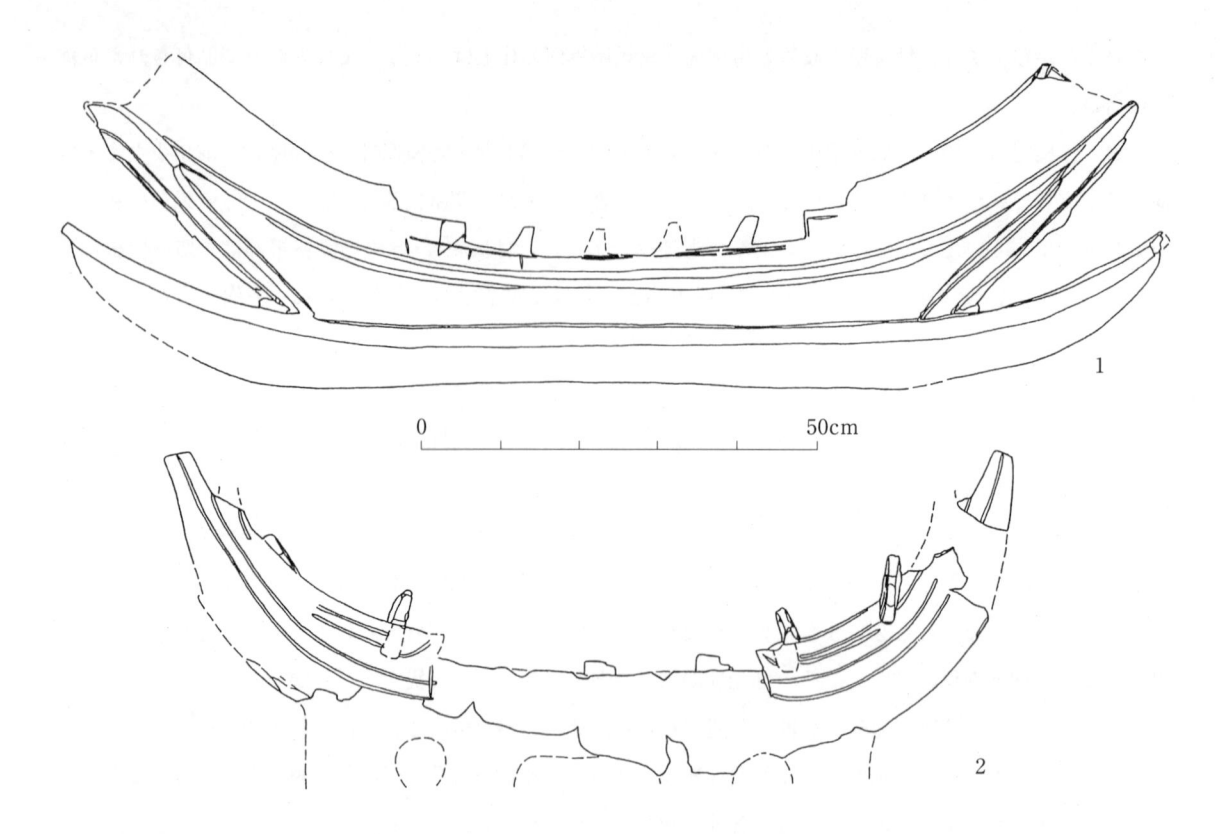

第γ図　大阪府高廻り古墳群出土船形埴輪（1：高廻り2号墳、2：高廻り1号墳）〔高橋1988〕

　点から器物を象った土製品であったといえる。しかし、一般にいう形象埴輪は、4世紀中頃と考えられる器財埴輪の出現当初から、表現された原形が仮器化したものではなく、各種の器物・動物・人物をいわば「形象化」した土製品である点が大きく異なる。このため、土器が円筒埴輪・壺形埴輪や朝顔形埴輪（以下、円筒系埴輪）の祖型であったこととは異なり、形象埴輪には基本的に具体的な原形（モデル）が存在するといえる。

　とくに、家形埴輪は形象埴輪の中で、もっとも早く出現したものの一つで、粘土紐巻上げ技法で製作される円筒系埴輪とは異なり、板状に成形した粘土（以下、粘土板）を多用して製作されていることが指摘されている[13]。このように、形象埴輪はその起源や製作技法まで円筒系埴輪とは異なっており、その原形を追求することは古墳の墳丘に樹立された埴輪群の意義を考える上で、不可欠の前提作業であることは多言を要しない。しかし、原形の追求は単に形態の類似性から検討するだけでは不十分で、原形の構造と埴輪表現に基づいた形象埴輪の形態を十分に検討した上で比較することが重要である。ここでは、子持家形埴輪・船形埴輪の原形を追求する上で、現状で注意すべき点を摘記して、今後に備えたい。

　子持家形埴輪は、唯一の伏屋式建物を造形したと考えられるその独自性の高い造形[14]から、多様な家形埴輪の中でも明確な位置づけを困難にしてきた。類例がほかになく、直接類例と各部の形態を比較する通常の方法では、これ以上の進展が難しいのも事実である。しかし、主屋と付属屋との建築形式の差とともに、これまで縮尺すなわちスケール差が検討されたことは少ないように思われる。その名の通り、付属屋との規模の差から主屋を大規模建物と捉えたり[15]、建物群の「集合形態」[16]としてみなす場合が多いが、その境界は曖昧である。

　近年、同一古墳から出土する形象埴輪群では、埴輪群の中にスケール差のある造形が混在することが判明してきている。とくに、人物埴輪研究では、一般に人物埴輪群における情景の中心的人物を表わしていると

みられる人物埴輪は規模も大きく全身像で構成[17]されることがよく知られており、その有効性の検討も重ねられている。一方、同一古墳における家形埴輪群にも、製作技術の異なったものが混在することがすでに指摘[18]されているが、従来考えられていたように二分されるというような単純な構成でないことも判明してきている。このような人物埴輪群や家形埴輪群の構成の実態を踏まえて考えれば、本子持家形埴輪も同一埴輪群における家形埴輪群の多様な構成を独創的に表現した造形である可能性も考慮する必要があると思われる。

次に、本船形埴輪は各種の類例および船舶史の側面から検討が重ねられ、おおむね準構造船の構造をもつ外洋船をモデルとしたものという見解の一致をみている[19]。しかし、その規模をめぐっての議論は、相当の開きがあると言わざるを得ない。乗員を数人程度から、あるいは百数十人までと想定するそれぞれの場合では、その機能差もさることながら、船形埴輪の意義を考える上でもっとも重要な要素に齟齬があるともいえ、原形の船舶の規模の解明の遅れは船形埴輪研究にとって大きな支障となっている。

このようなことから、まず船舶の構造については、本船形埴輪における埴輪表現としての船底部の曲面形態と舷側板部の立面形態を評価しなければならないと思われる。その場合、近年、類例が増加しその構造が具体的に復元されつつある古墳時代の構造船との対比が重要で、舳艫の形態や船縁部分の数によって2〜3種の構造が想定されている船形埴輪の分類案[20]から考えて、本船形埴輪の船縁部分が1ヶ所であることも検討されなければならない（第γ図）。

さらに、船舶構造による規模の許容範囲の検討に基づいた上で、各部の基本的な構造も具体的に検討する必要があろう。古墳時代の船舶を櫂船[21]と捉える見解は通説になった感があるが、古代船の規模・構造を分析するための方法として、漕程を想定して櫂臍（櫂杭）を軸とした船内空間の動域分析を行い、そこから漕座配置等の漕行空間を想定する漕行域四分割による漕行システム解析法「DISE法」[22]等のような興味深い検討も進められている。形象埴輪では、このような厳密な分析は困難であるが、十分に検討の余地はあると思われる。また、以上のような研究を踏まえて、記紀等にみえる船舶用語[23]の検討等からも、古墳時代の船舶構造の復元をさらに進める必要があると思われる。

いずれにしても、形象埴輪の機能を考える上で基礎となる原形の追求は、埴輪研究や古墳時代研究にとって不可欠な作業である。今後は、形象埴輪の研究においては、このように埴輪表現の特質を踏まえた上で、それぞれの原形を明らかにする多角的な検討が必要であろう。

註
1) 後藤守一「西都原発掘の埴輪舟（一・二）」『考古学雑誌』第25巻第8・9号、1935年（「上古時代の舟—西都原古墳出土の埴輪舟—」『日本古代文化研究』河出書房、1942年所収）
2) 石井謙治『日本の船』（創元社選書）創元社、1957年
3) 松本信広「古代東亜人文史上の於ける船」『思潮』第48号、大塚史学会、1953年など。
4) 三木文雄『はにわ』講談社、1958年。大林太良編『船』（日本古代文化の探求）社会思想社、1975年など。
5) 大阪府久宝寺遺跡など。大阪府埋蔵文化財センター『久宝寺南』（近畿自動車道天理〜吹田線建設に伴う埋蔵文化財調査概要報告書）1987年
6) 北野耕平「古代の東アジアにおける船舶形態考」『神戸商船大学紀要（第1類文化論集）』第20号、1972年。置田雅昭「船形埴輪」『ニゴレ古墳』（京都府弥栄町文化財調査報告第5集）弥栄町教育委員会、1988年。高橋工「船形埴輪の検討」『長原遺跡発掘調査報告』Ⅳ、大阪市文化財協会、1991年など。
7) 梅原末治『佐味田及び新山古墳研究』岩波書店、1921年。ただし、伏屋式建物については、描き起されていない。
8) 後藤守一「埴輪家の研究」『日本古代文化研究』河出書房、1942年（『上野国佐波郡赤堀村今井茶臼山古墳』東京帝室博物館、1933年改稿。なお、同書「埴輪家聚成」には、子持家形埴輪は未収録である。）

9) 太田茂比佐「ムロ・ムロヤ・オオムロヤ―日本上代建築の研究―」『建築史研究』第14号、1954年。西谷真治「農民の生活 5住居と集落」『世界考古学大系』3（日本Ⅲ）平凡社、1959年など。
10) 金関 恕「大和東大寺山古墳出土銅製環頭二種」『考古学雑誌』第47巻第4号、日本考古学会、1962年
11) 大阪府高廻り2号墳出土の船形埴輪でも、船底部が粘土板を用いて成形されており、その形態は実物の船舶とは異なる埴輪の簡略化された製作技法の結果であるとされている。6）高橋論文参照。
12) 近藤義郎・春成秀爾「埴輪の起源」『考古学研究』第13巻第3号、考古学研究会、1967年
13) 小林行雄『埴輪』(陶器全集1)平凡社、1960年（『陶磁体系』3、1974年再刊）
14) 三輪嘉六・宮本長二郎『家形埴輪』(日本の美術第348号)至文堂、1995年。付編Ⅱ参照。
15) 9）と同じ。
16) 後藤守一「埴輪家の研究」『日本古代文化研究』河出書房、1942年
17) 梅沢重昭編『綿貫観音山古墳』Ⅰ(墳丘・埴輪編)群馬県教育委員会、1998年。若狭徹編『保渡田八幡塚古墳』(群馬町埋蔵文化財調査報告57)群馬町教育委員会、2000年など。
18) 小笠原好彦「家形埴輪の配置と古墳時代の豪族居館」『考古学研究』第31巻第4号、考古学研究会、1985年
19) 4）・6）と同じ。
21) 6）と同じ。
21) 線刻絵画資料からではあるが、帆船の存在も検討されている。森田克行「継体大王の港津―三島の筑紫津―」『あまのともしび』(原口先生古稀記念集)原口先生の古稀を祝う集い事務局、2000年
22) 菱沼和秀「ヘーミオリア船の復元」『古代地中海世界 古代ギリシア・ローマ史論集』(三浦一郎先生傘寿記念論集)伊藤正他編、清水弘文堂、1933年
23) 西村慎次『萬葉集の文化史的研究』東京堂、1947年。尾畑喜一郎編『古事記辞典』桜風社、1988年

挿図引用文献

〈第α図〉
小林行雄『日本考古学概説』(創元社選書218)創元社、1951年
〈第β図〉
金関 恕「卑弥呼と東大寺山古墳」『古代史発掘』6（古墳時代1）講談社、1975年
堀口捨己「佐味田の鏡の家の図について」『古美術』第196号、1935年
〈第γ図〉
高橋 工「船形埴輪の検討」『長原遺跡発掘調査報告』Ⅳ、大阪市文化財協会、1991年

第5章　西都原古墳群出土の家形埴輪

　本報告は、1998〜1999(平成10〜11)年度に修理を実施した東京国立博物館所蔵の宮崎県西都市西都原古墳群出土の家形埴輪3個体(J－34662・34663・34664)についての解体修理調査報告である。
　記載にあたって、各面の呼称は第2・3章の西都原古墳群出土 重要文化財子持家形埴輪(J－34661)の報告に準じた。とくに、側面に関しては、平入り構造とみられる家形埴輪2個体(J－34662・34664)については、それぞれの屋根部の残存率がよい面の平側をA面とし、その背面をB面、A面に向かって右側をC面、同左側をD面とする。これに対し、妻入り構造とみられる家形埴輪(J－34663)については、妻壁部のうち出入口部分をもつ妻面をA面、その背面をB面、A面に向かって右側をC面、同左側をD面とした。

1）　家形埴輪（J－34662）［第19・20図］

形式・規模　切妻造平屋建物。建物の規模は、桁行1間×梁行1間である。破風部分の転び(傾斜角度)が大きいことが特徴で、3棟の中ではもっとも小型の家形埴輪である。赤彩は、確認できない[PL44、45]。

遺存度　屋根部は、A面が全体の9割、B面が全体の2割残存している。破風部分は、C面が全体の4割、D面が全体の5割残存している。妻壁部は、D面が残存しておらず、C面は全体の3割程度残存している。壁部は、A面が全体の8割、B面が全体の1割程度残存している[PL45－5、46・47]。

修理後の復元法量　屋根部は、破風部分の上端間の長さが66.3cm、棟部分の長さが53.4cmである。屋根部の軒先端部分における平面上の距離は、長さ30.5cm、幅27.0cmである。基部は、下端で23.2cm×29.0cmである。基部下端から破風部分上端までの高さは、39.2cmである。

各部の特徴　屋根部には、横位の押縁突帯2条と縦位の押縁突帯4条を貼付している。縦位・横位の押縁突帯が交差する8ヵ所に、櫛飾り部分が付けられている。櫛飾り部分は、先端中央部分がくぼむM字形を呈する。櫛飾り部分の角度は、水平よりもやや立ち上がり気味であるが、屋根部斜面に対しては直角よりも水平に近い角度で貼り付けられる。平側の軒先部分には、突帯を貼付する。桁の表現および大棟の表現はみられない。

　妻壁部には、C面に突帯状の梁表現が残存する。なお、妻壁部に透孔はないと考えられるが、棟部分と梁部分の間の束表現は、想定復元である。C面の切妻部分下面に補強粘土の剥離痕を確認でき、その内側には焼成温度が低いため暗褐色を呈する部分がある。棟先部分は、剥離して欠失した可能性が高い。

　壁部は、壁面から浅く張り出す角柱表現をもつ。隅柱部分の側縁は、窓部分の内側面ともなっている。

　窓部分は、各面に1ヵ所ずつある。それぞれの窓部分下方の壁部表面には、横方向に2条の沈線を施している。窓部分の形状は、妻側が正方形に近く、平側が横長の長方形を呈する。

　残存する破片からは、基部に半円形等の透孔はなかったと想定される。基部と壁部の境界には、裾廻突帯が貼付されており、4面とも残存する。

外面調整　器壁の風化が著しく、調整の観察が困難である。端面の調整として刀子様工具により、切り取られたと想定される箇所は、屋根部の破風部分の側縁・軒先部分の側縁、壁部の隅柱部分の側縁・窓部分の側

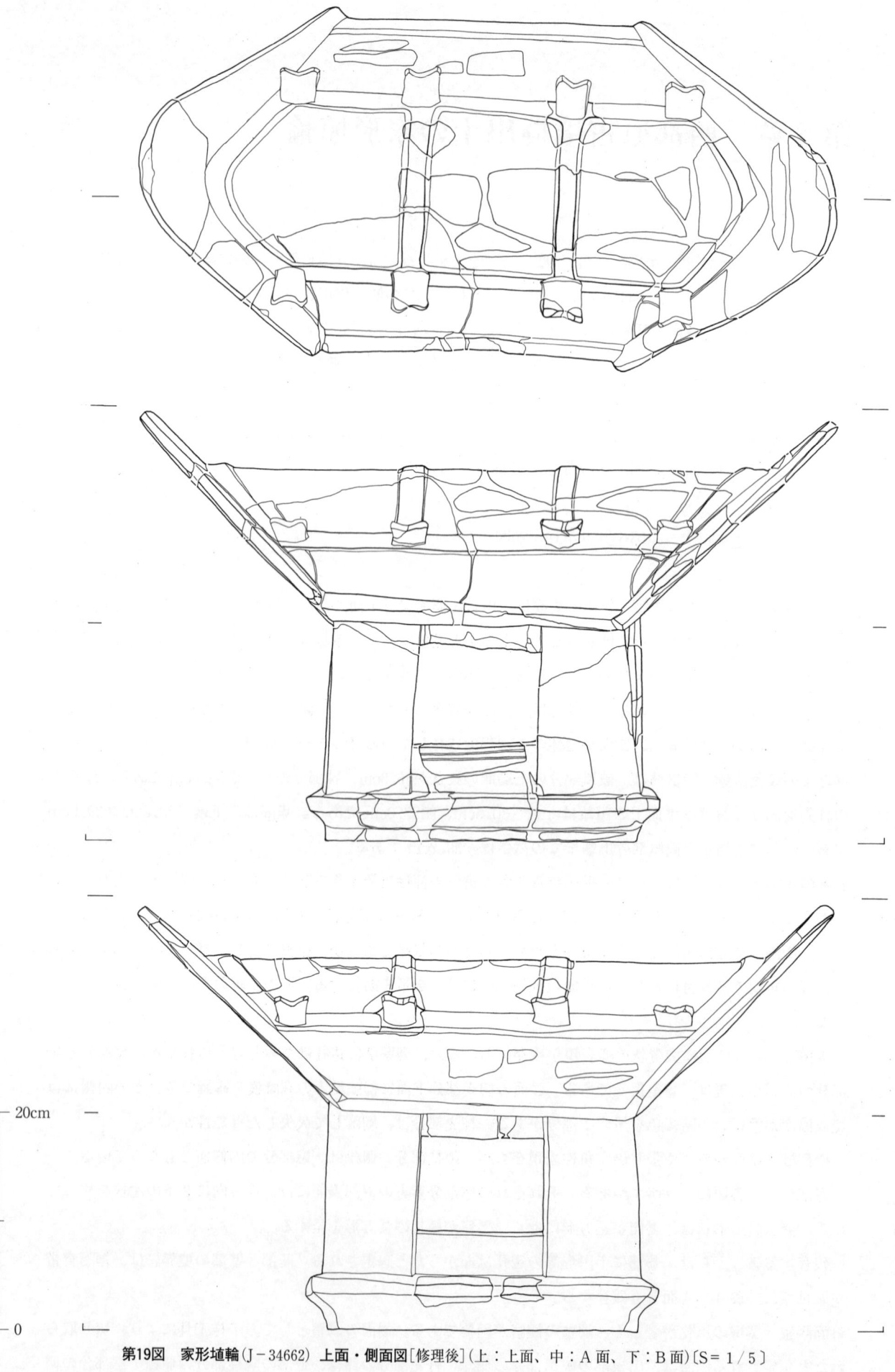

第19図　家形埴輪（J-34662）上面・側面図［修理後］（上：上面、中：A面、下：B面）〔S=1/5〕

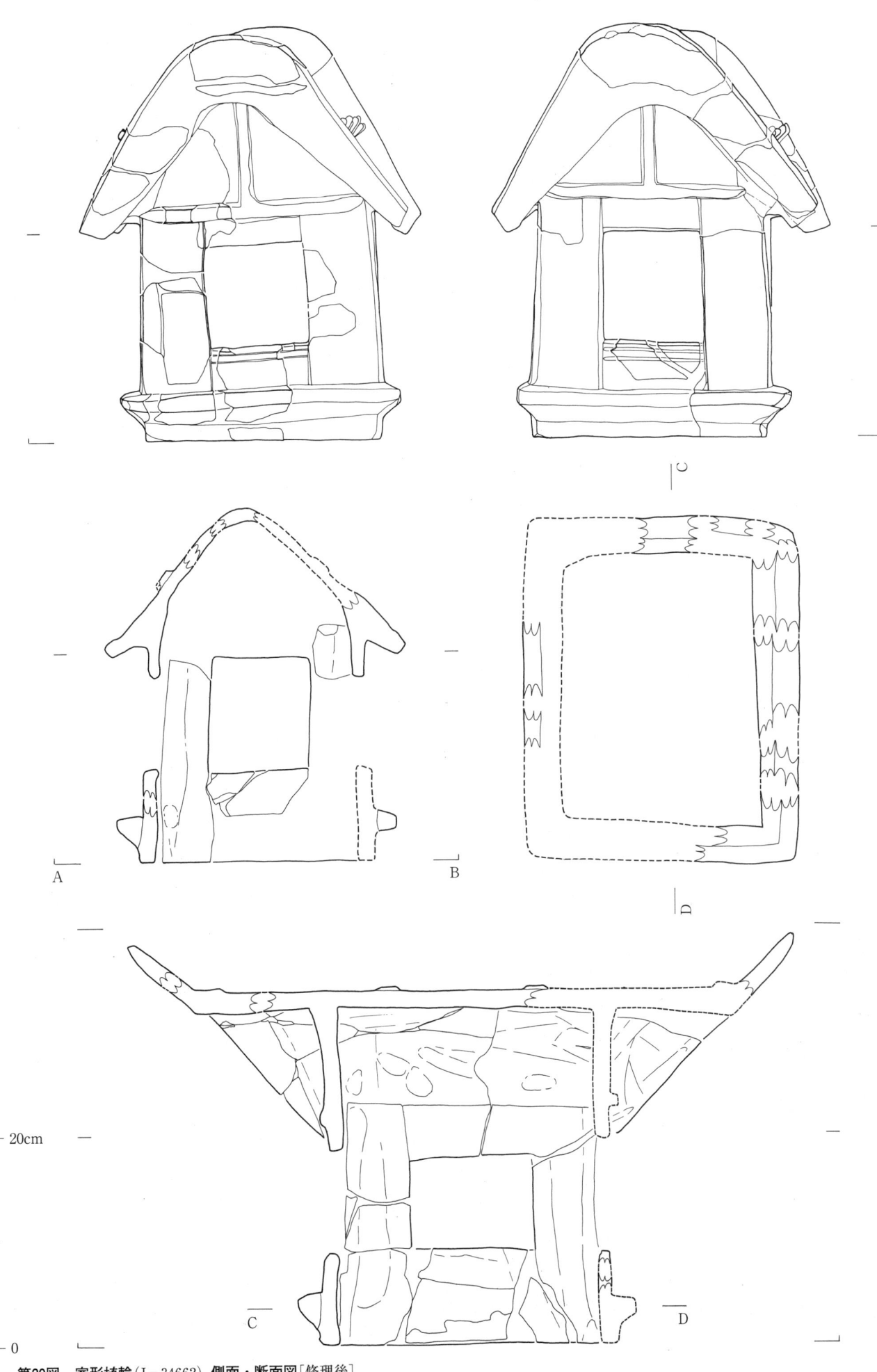

第20図　家形埴輪（J−34662）側面・断面図［修理後］
（上左：C面、上右：D面、中左：A−B断面D面、中右：水平断面、下：C−D断面A面）〔S=1/5〕

縁・裾廻突帯の側面である。

内面調整 内面も風化が著しく、器面調整の観察は困難である。裾廻突帯に対応する位置が、若干盛り上がっている。壁部から屋根部までは、ナデ調整により一連の平滑な面が造り出されている。ただし、微細な凹凸が観察できるので、屋根部は水平方向の粘土紐で積み上げを行っていたと推定できる。C面に残る妻壁部は粘土が隆起しており、さらに指頭圧痕が残ることから、この部分が最後に閉塞されたことが窺われる。各面の壁部同士の接合部分には、縦位の顕著な指ナデの圧痕が観察できる。

基部の観察 基部の底面が観察できるのは、2ヵ所である。B面・D面の接合部には、粘土紐の接合部状の箇所が観察できるが、面と面をまたぐ粘土紐があったかどうかは不明である。底部から裾廻突帯の下縁までは、一連の凹面となるよう指ナデを施している。

胎土 やや粗い素地で、3～5mm大の亜角礫を多く含む。石英・雲母・赤色砂粒等を含んでいる。本章3)の家形埴輪(J-34663)に近似した構成であると考えられる。

色調・焼成 淡赤褐色を呈する。同じく3)の家形埴輪(J-34663)とは、同系統の色調と考えられる。焼成は普通である。全体に風化が顕著で、剥離が著しい。

製作上の特色 屋根部には、縦位・横位の押縁突帯が交差する8ヵ所に櫛飾り部分が付けられていたようだが、残存しているのはA面中央部分の2ヵ所のみで、押縁突帯との接合箇所が確認できるのは中央部分左側だけである。この部分の観察では、櫛飾り部分の角度が屋根面に対しては、直角よりもやや水平に近い角度であることが確認できる。妻壁部の下位に、水平方向の突帯が設定されていたことは、C面の状況から確実である。また、妻壁部のC面内面左半部の状況から、この部分が本家形埴輪の製作最終段階まで空洞で、最後に閉塞されたことが推定される。

なお、A面上半部の壁部両側には、左0.8cm、右1.5cm幅の粘土が板状に取り残されている部分がある。また、それぞれ隅柱部分の内側縁に、刀子様工具の使用痕跡と考えられる縦位の沈線(擦痕)が観察できる。これは、この部分を削り取り、一段低い壁体とするべきところを、十分に削除しきれずに残してしまった部分と推定される。

2） 家形埴輪(J-34664) ［第21～24図］

形式・規模 切妻造平屋建物。建物の規模は、桁行2間×梁行2間である。破風部分の転び(傾斜角度)が小さいことが特徴で、3棟の中ではもっとも大型の家形埴輪である。C・D面の壁部に、赤彩がかすかに残る[PL48、49]。

遺存度 屋根部は、A面が3割残存するが、B面は全体の1割未満である。破風部分は、C面が2割、D面は3割が残存している。妻壁部は、C面・D面とも、1割程度が残存する。壁部は、A面が5割、B面が4割、C面が2割、D面が2割残存しているが、いずれも遺存度は低い[PL50、51]。

修理後の復元法量 破風部分の上端間の長さは74.2cmで、棟部分の長さは70.7cmである。屋根部の軒先端部分における平面上の距離は、長さ33.5cm、幅32.3cmである。基部は、下端で42.0cm×36.8cmである。基部下端から破風部分上端までの高さは、60.8cmである。

各部の特徴 屋根部には、大棟表現の2条の突帯から垂下する縦位の押縁突帯4条と、横位の押縁突帯2条を貼付している。棟木・棟先の表現はみられない。

妻壁部分には円孔をもつ。梁・桁・斗束の表現はみられない。

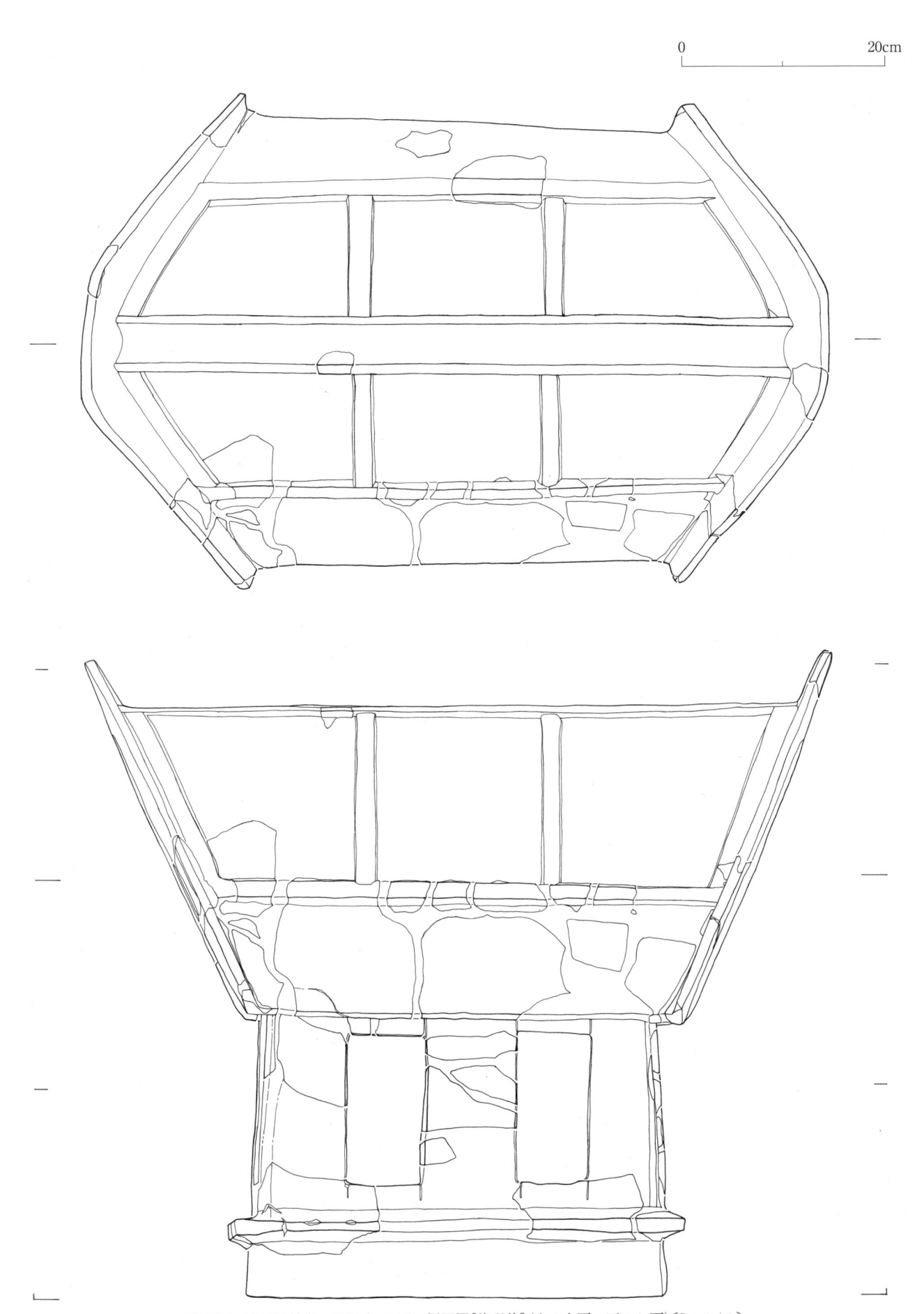

第21図　家形埴輪(J-34664) 上面・側面図［修理後］(上：上面、下：A面)〔S=1/5〕

第22図　家形埴輪(J-34664) 側面図[修理後](上：D面、下：B面)〔S=1/5〕

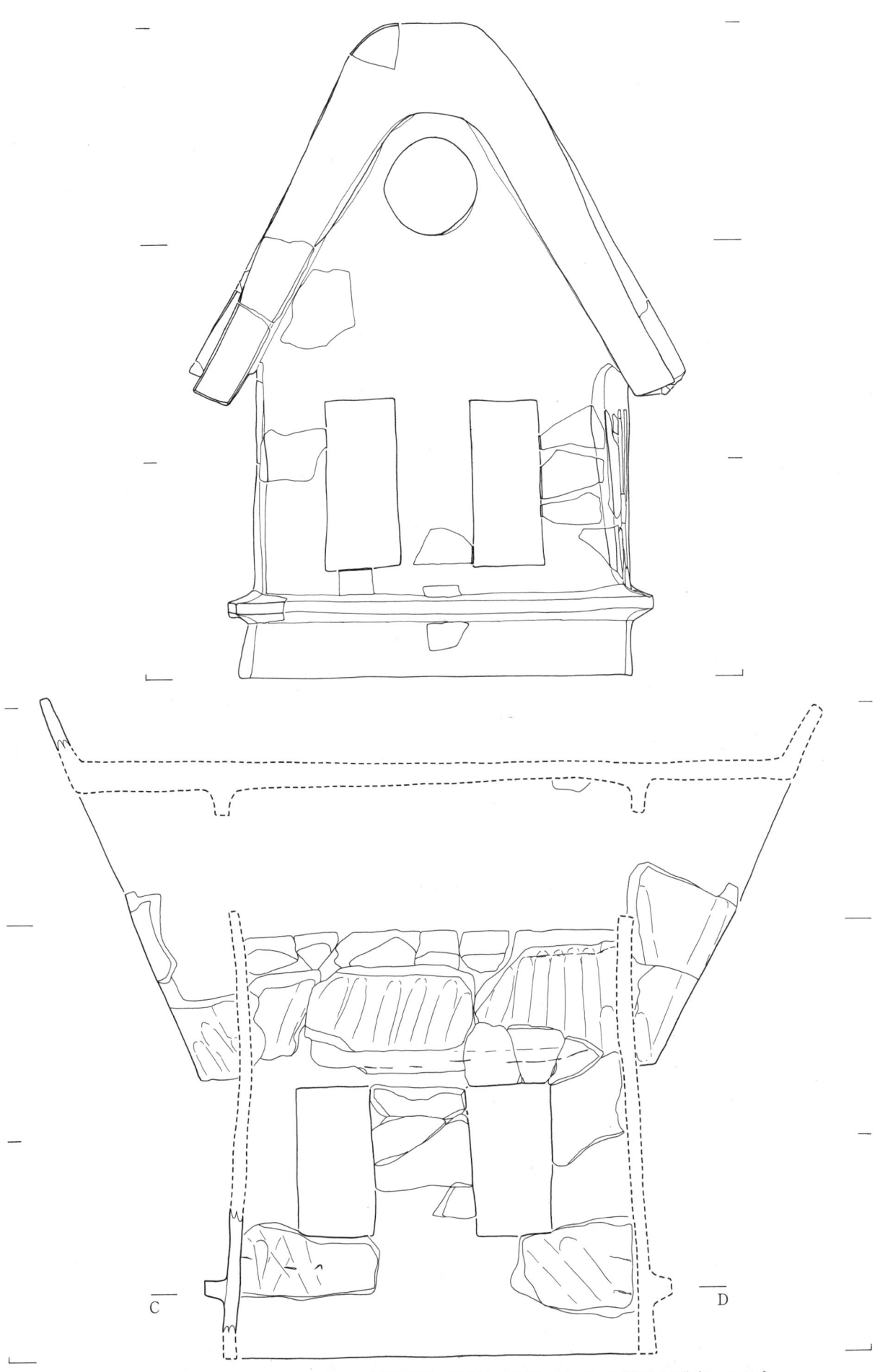

第23図　家形埴輪（J－34664）側面・断面図［修理後］（上：C面、下：C－D断面A面）〔S＝1/5〕

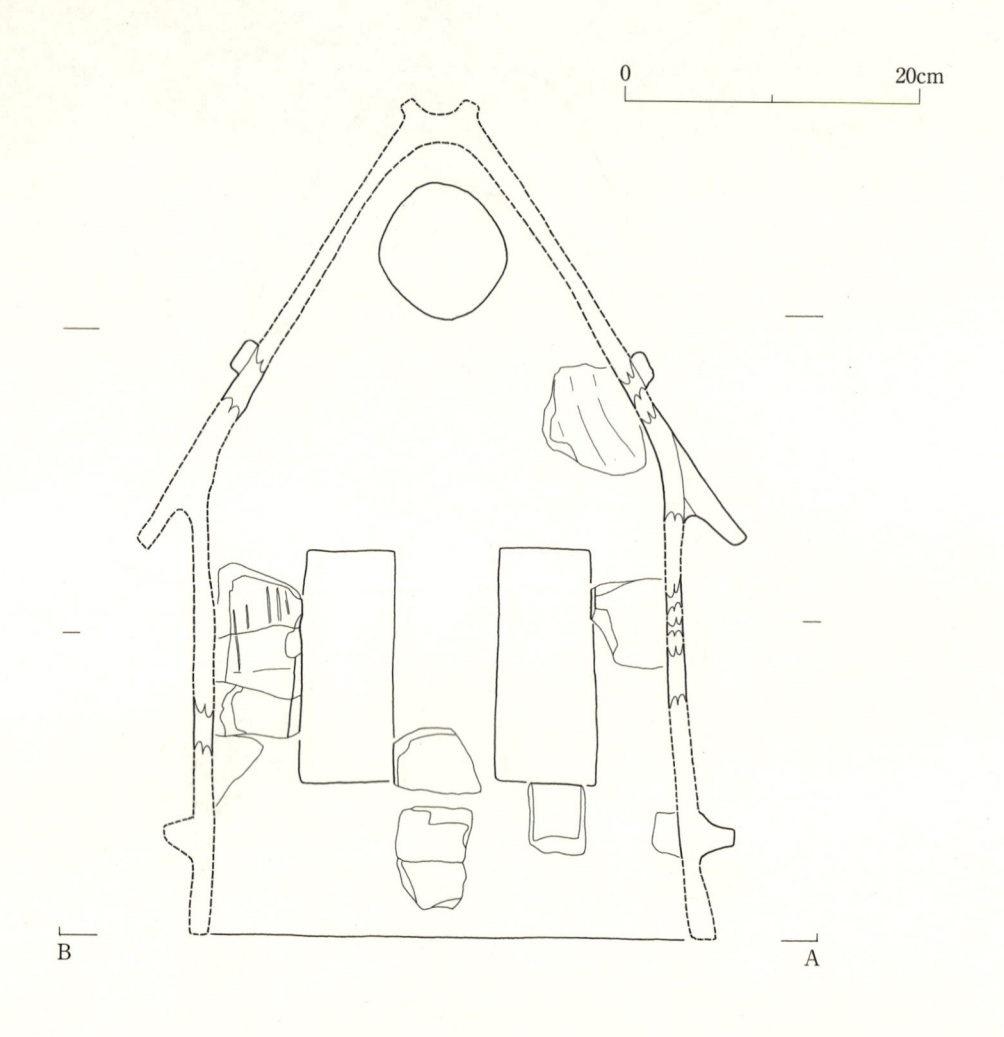

第24図　家形埴輪(J-34664)　断面図〔修理後〕(上：A-B断面C面、下：水平断面)〔S=1/5〕

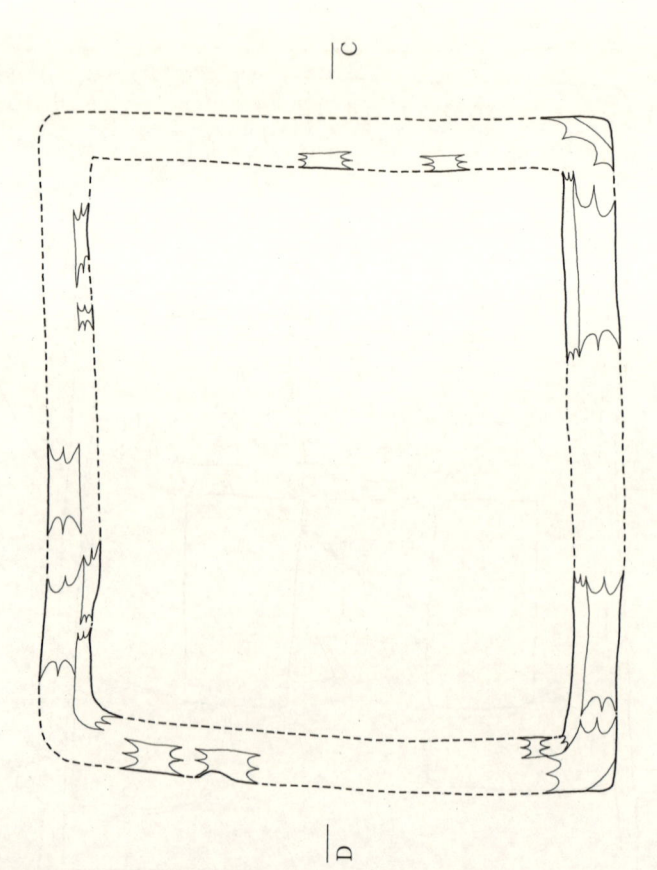

壁部は、壁面から浅く張り出す角柱表現である。窓部分は、4面に2ヵ所ずつある。いずれも縦長の長方形を呈する。

基部は、透孔が確認できない。基部と壁部の境界には、裾廻突帯が貼付されている。

外面調整 器壁の風化が著しく、調整の観察はきわめて困難である。

ただし、鉄製刀子様工具の使用が想定される部分は、数ヵ所で確認できる。屋根部の破風部分の側面・軒先部分の側面、妻壁部の円形透孔の内側面、壁部の窓部分の内側面・裾廻突帯の側面である。刀子様工具の使用時に砂粒の移動で生じたと考えられる縦方向の擦痕は、A面の左窓部分では左下方、右窓部分の下方では左右、D面の左窓部分では下方左、右窓部分の右内側面では右方約1.5cmの箇所で観察することができる。

内面調整 内面も風化が著しく、外面と同様に、器面調整の観察は困難である。A面の壁部と屋根部との接合部付近には、右上がりの指頭圧痕が観察できる。粘土紐の接合痕は、B面の下方C面寄りに約3cm幅、A面の下方両端付近に幅3cmの単位が確認できる。

胎土 やや粗い素地である。5〜10mm大の亜角礫を多く含む。礫の比率は高い。

色調・焼成 全体に淡黄褐色を呈する。子持家形埴輪（J-34661）と同系色であるが、やや黄色が強い。

製作上の特色 屋根部の押縁突帯は、A面・B面の中位に、横方向のものが1条ずつ観察できる。中央部分の縦位の押縁突帯はすべて復元である。しかし、破風部分側縁の縦方向の押縁突帯が存在したことは、A面右側の破風部分に伴う押縁突帯が、下位の屋根面より高く表現されていることから推定できる。突帯の付いている屋根部分とこのような突帯との角度から、屋根部中央部分に縦位の2条の突帯が復元できる。また、押縁突帯は、両側縁が平行ではなくいびつであり、粘土紐の貼付後に上面を板状工具で押圧して設定したと考えられる。

なお、妻壁部内面には、外側から粘土板等を挿入する際にできる粘土の盛り上がり等は観察できなかった。

3） 家形埴輪（J-34663）［第25〜28図］

形式・規模 切妻造屋根倉式高床建物。妻壁面の一方に1ヵ所の出入口部分をもつ。建物の規模は、梁行1間×桁行2間である。破風部分の転び（傾斜角度）は小さく、中規模の家形埴輪である。赤彩が、A・C面の壁部で確認できる［PL52、53］。

遺存度 屋根部のC面は全体の3割、D面は全体の2割が残存している。破風部分は、A面が9割以上、B面は全体の7割が残存している。妻壁部は、A面が9割以上、B面が4割残存する。壁部は、A面が4割、B面が6割、C面が3割、D面が2割残存している［PL54〜56］。

修理後の復元法量 破風部分の上端間の長さは60.2cm、棟部分の長さは45.8cmである。屋根部の軒先端部分における平面上の距離は、36.8cm×34.0cmである。基部は、下端で41.0cm×33.3cmである。基部下端から破風部分上端までの高さは、46.2cmである。

各部の特徴 屋根部は、全体が素文で大棟の表現はみられない。全体に、ハケメ調整が施される。

両妻壁部には、壁部との境界に突帯状の表現がみられる。規模は、幅約3cm、高さ約3cm、厚みは1.5cmで、裾廻突帯よりも突出度が高い。妻壁部A面の右側には、長方形の出入口部分がある。縦7.0cm×横3.8cmの長方形透である。棟木・斗束の表現はみられない。なお、壁部は突帯や沈線による柱表現をもたない大壁表現である。

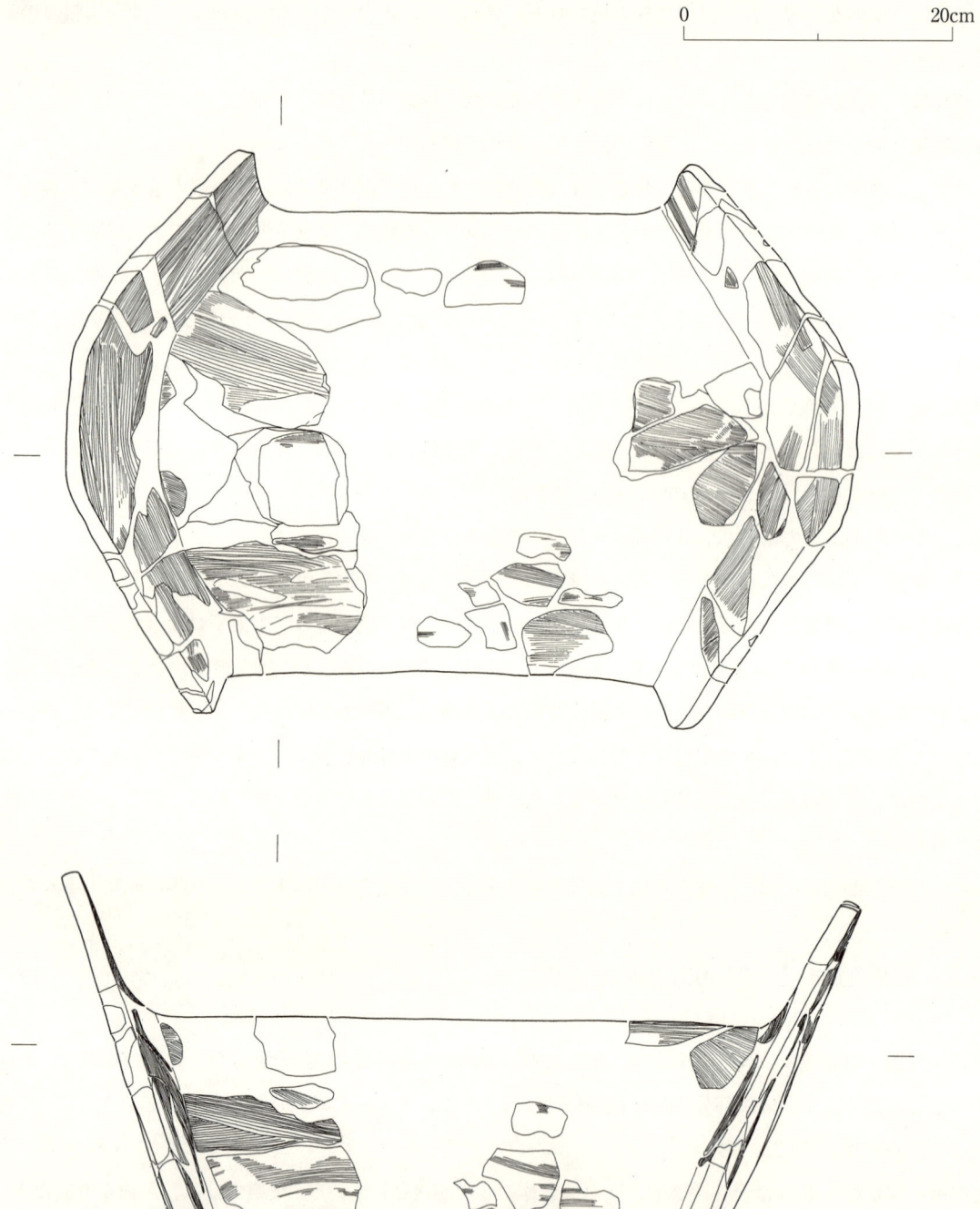

第25図　家形埴輪（J-34663）上面・側面図［修理後］（上：上面、下：C面）〔S=1/5〕

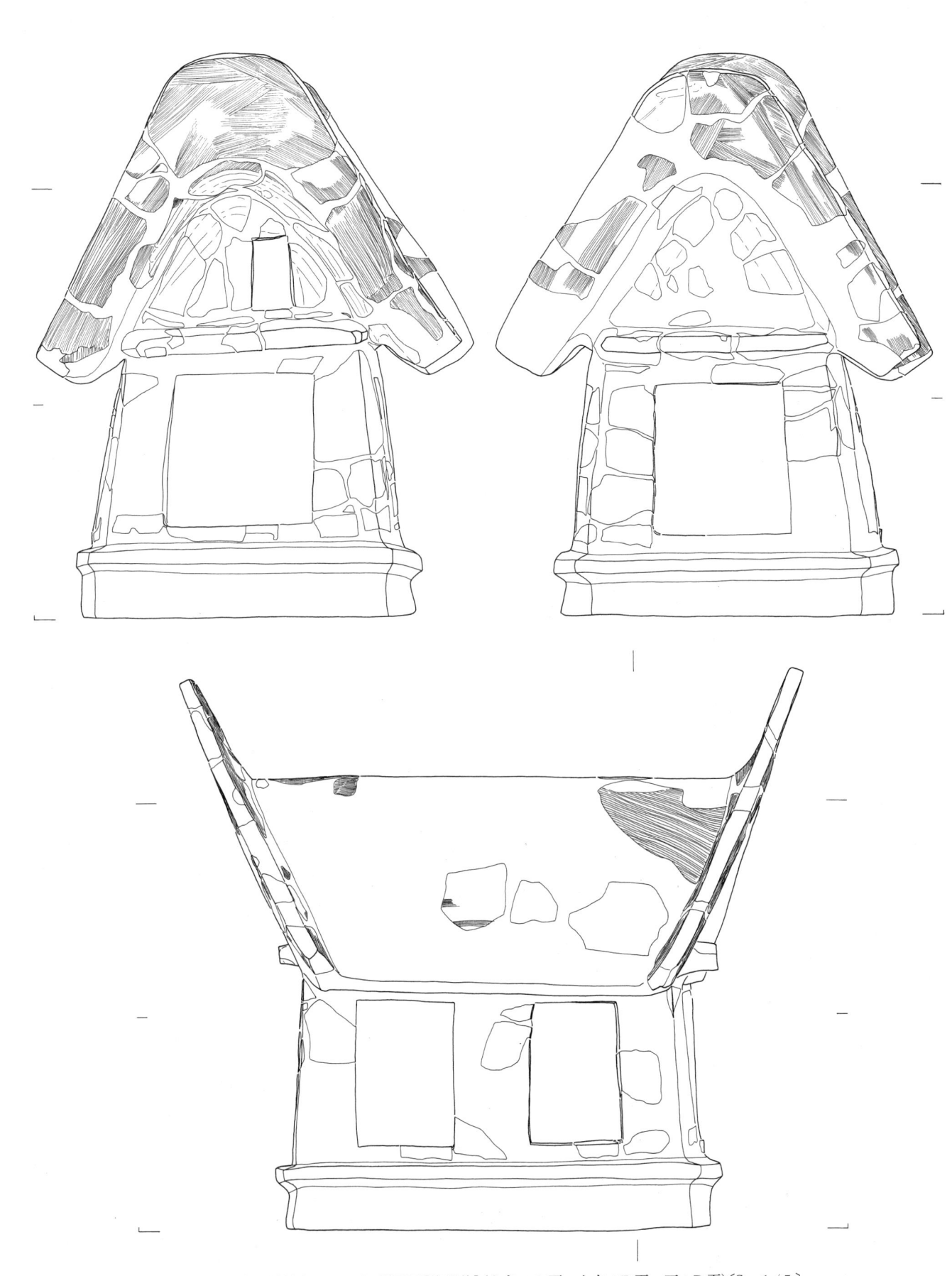

第26図　家形埴輪（J-34663）側面図［修理後］（上左：A面、上右：B面、下：D面）〔S＝1/5〕

― 63 ―

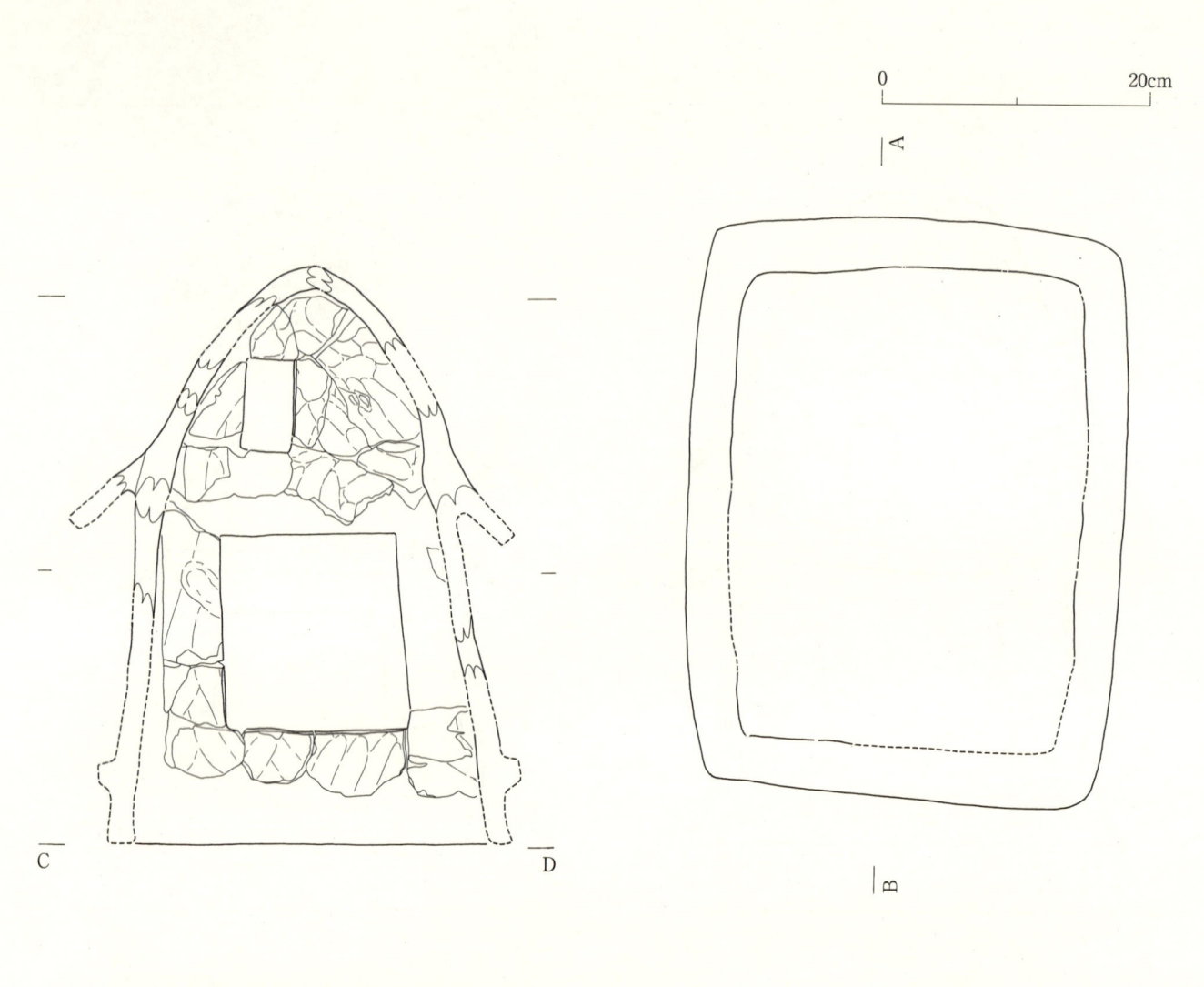

第27図　家形埴輪（J-34663）内面・断面図［修理後］（上左：C-D断面A面、上右：水平断面、下：A-B断面C面）〔S=1/5〕

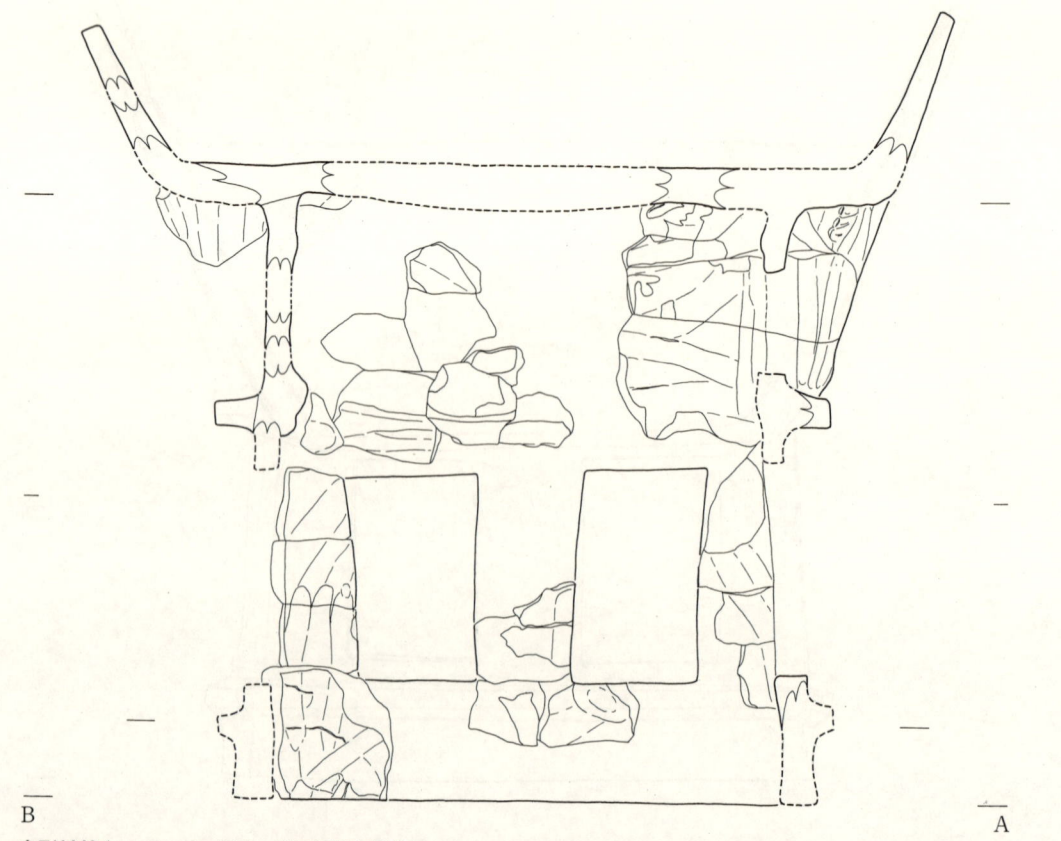

身舎部分にあたる柱状の部分では、妻側に1ヵ所ずつ、平側に2ヵ所ずつ、開口部がある。開口部は、妻側が正方形に近く、平側が縦長の長方形を呈する。A面は約13.5cm×約13.5cmのほぼ正方形の透孔、B面は約13.5cm×13.0cmのほぼ正方形の透孔、D面は約13.5cm×9.0cmの長方形透孔を2ヵ所、C面は約14.0cm×約8.5cmの長方形透孔を2ヵ所あける。

　基部は、透孔が確認できない。基部と身舎部分の境界には、裾廻突帯が貼付されるが、残存していない。

外面調整　破風部分の内外面と屋根部上面に線刻はなく、19条／2cmの細密なハケ調整を施す。屋根部上面は水平方向、破風部分は頂部付近が水平で、それより下位が破風部分に平行な方向で施されており、一部を指でナデ消している。妻壁部分は、指ナデ調整を施

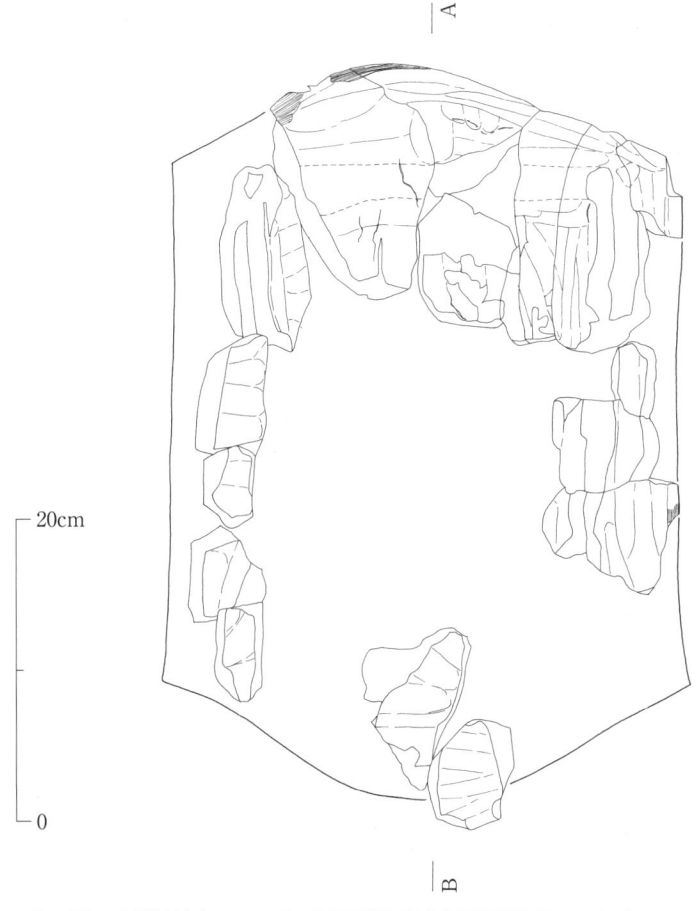

第28図　家形埴輪(J-34663)　内面図［修理後］(屋根部)〔S=1/5〕

し、B面でよく観察できる。壁部は、基本的に屋根部と同じ工具による縦ハケ調整の後、ナデ調整を施すが、ハケメはよく消されている。妻壁部・壁部境界の突帯は、水平方向にナデ調整されている。

　破風部分の側面・屋根部の軒先部分の側面、妻壁部や壁部における透孔の内側面、妻壁と壁部境の突帯の側面には、刀子様工具で切り取られたと考えられる痕跡が観察できる。また、C面壁部の右側開口部の右側には、縦位の沈線が残る。沈線の長さは約4cmである。これも刀子様工具を使用した時の痕跡と考えられる。D面の左開口部の下位、両側の2ヵ所で工具を深くまで押し込んだ痕跡がみられる。

内面調整　壁部は、指ナデ調整を基調としている。C面壁部下位のB面寄りに、粘土紐の接合痕がみられる。屋根部内面は、指ナデにより平滑に仕上げられる。両妻壁部には、外側からの粘土挿入時の粘土の隆起が認められる。

胎土　精良な粘土を母体とし、その中に2〜4mm大の亜角礫を多く含む。石英や赤褐色砂粒も含んでいる子持家形埴輪と同様の砂粒構成をとると考えられるが、含有量はやや多めである。

色調・焼成　淡赤褐色で、1)の家形埴輪(J-34662)と同系統と考えられる。A・D面壁廻りで赤彩を確認した。焼成良好で、子持家形埴輪(J-34661)と同じく堅緻である。

製作上の特色　屋根部は軒先部分を貼付した中位付近で角度が変化するため、屋根部・壁部の成形とは不連続に軒先部分が貼付されたものと考えられる。また両妻壁部の内面には、妻壁部を外側から挿入した際の凹凸や粘土の隆起が認められる。とくに外面の突帯に対応する部分の隆起はもっとも顕著で、連続した高まりになっている。この部分は、妻壁部の閉塞ないし屋根部の成形に伴って、粘土を貼付した部分と考えられる。

第6章　まとめ

　1999(平成11)年の東京国立博物館平成館考古展示場の開設に伴い、1997〜1998(平成9〜10)年度の2ヵ年にわたり、東京国立博物館が組織した修理指導委員会による学術的・技術的指導のもとに、宮崎県西都原古墳群第169号墳出土の重要文化財子持家形埴輪・船形埴輪修復事業を行った。

　これら2件の埴輪は、教科書や学術書等で鑑賞、あるいは学術資料として広く活用されてきたもので、国宝の武人埴輪とともに東京国立博物館の代表的な埴輪として親しまれてきた。平成館における考古展示に欠かせない作品であるが、近年、移動や展示の際に崩壊する危険性が高くなってきたので、修理復元を行うこととなった。

　この埴輪は、発掘調査によって出土したものを、戦前に復元したものであるが、記録が残されていないため、どのように復元されたのか修復過程が不明であった。今回の修復事業によって、いったん解体して再度復元した時に、形状が変わる事態も考えられた。その場合、現状変更を余儀なくされるため、文化庁等関係機関の指導を仰ぎながら慎重に作業を進める必要があった。

　修理作業の第一歩は、解体である。その際、前回どのように破片を接合して復元したのかを記録しておく必要がある。次に、解体した破片をクリーニングし、復元作業に移る。前回の復元を参照しながら再度破片の接合を行い、接合の状態を記録する。そして、欠失している部分は樹脂等で補填し、着色して終了する。いわば、土器の修復作業と変わりはない。しかし、今回の埴輪のように個体の規模が大きい場合、復元の過程で破片の接合処理に困難を生じることが多い。それをどのように処理したのかを記録することが肝要である。埴輪の修復作業にあたっては、このような記録作業が欠かせない。

　この2件の埴輪は、広く一般にイメージが定着した著名な埴輪であるが、はたして修復前の姿が妥当なものであるか、記録がないので解体してみなければわからなかった。さらに、もし今回の復元によって形が変更になった場合には社会的影響も大きい。とくに、子持家形埴輪は特異な形状で他に類例がないため、形状が変わるかどうかが大きな問題であった。しかし、実際の修理においては、幸いにも船形埴輪・子持家形埴輪ともそのような事態は起きず、基本的に修復前の形を維持する結果となった。すなわち、松原正業(岳南)氏によって、1932(昭和7)年頃から行われた修復の妥当性を追認する結果となり、氏の修復技術の高さを証明することとなった。

　今回の修理復元の過程については、本報告書の中でその詳細な作業を記録・報告することができた。この修復作業は、修理指導委員会による協力と学術・技術的指導の下、修理者である繭山隆司氏と当館担当者がそれぞれの過程で密に連絡・協議検討を重ねた中で成就したものである。

　最後になりましたが、御協力いただいた各方向の方々に厚く感謝申し上げるとともに、今後も、こうした埴輪の修理にあたっては、解体調査および修理復元作業の克明な記録が必要であることを強調しておきたい。

付編Ⅰ　X線透過撮影調査

独立行政法人文化財研究所 東京文化財研究所　青木繁夫

　子持家形埴輪、船形埴輪ともに破片が多く、破片は接着剤を使用して接合がなされ、その間隙や欠失部分は石膏を使用して充塡補修されている。

　今回の解体修理にあたって、その方法と手順を検討するために、破片と石膏充塡部分の明確な区別、破片の接合状態、破片の劣化状態等の情報を得る必要があった。しかし、肉眼観察だけでこれらの情報を得ることは困難である。

　そのため、解体修理前に、X線透過写真の撮影を行った。

①子持家形埴輪［PL41、42－1～3］

　解体前に破片の接合や遺存状態を確認することを目的に、主屋および付属屋の屋根部分のX線透過写真の撮影を行った。

　　＊　X線発生装置：フィリップス MCN165（フィリップス社製）
　　＊　撮影条件　　：90～70kV、5mA、1～3min
　　＊　使用フィルム：工業用X線フィルム IX100（富士写真フイルム株式会社製）

撮影方法　X線フィルムをアルミニュウム製の袋に入れ、主屋屋根部の内側に置き、斜め上方からX線を照射（70kV）して撮影を行った。また、連続した主屋屋根部のX線画像を得るために屋根部外側にフィルムを置き、内側からX線照射を行って撮影した。主屋と付属屋の屋根部が重なり合う部分は、90kVで撮影を行った。

撮影結果　X線透過写真には、破片部分と石膏部分が写っているが、双方とも脆弱化して粉状になったところはなく、保存状態は良好である。破片部分には、粘土に混入された小さな粒子が確認され、そのような痕跡がない石膏と明確に判別できる。大きな欠失部分の石膏は比較的均一に充塡されているが、破片同士の間隙はマヨネーズ状になった石膏をヘラのようなもので押し込んでいるため凹凸があり、気泡を抱き込んで硬化した様子が窺われる。A面では小さな破片が多く丹念に接合されているが、B面は破片数が少なくかなりの部分が石膏で補修されている。

②船形埴輪［PL42－4、43］

　解体前に破片の接合や遺存状態を確認するために、主として船底部分のX線透過写真の撮影を行った。

　　＊　X線発生装置：フィリップス MCN165（フィリップス社製）

* 撮影条件　　　：80〜60kV、5mA、1min
* 使用フィルム：工業用X線フィルムIX100(富士写真フイルム株式会社製)

撮影方法　船底部を撮影するために、幅12cm程度に裁断したフィルムをアルミニュウム製の袋に入れ、下方からX線を照射(60kV)した。また、船板部は同様なフィルムを船底部の下に置き、上方から80kVで撮影した。

撮影結果　破片の遺存状態は良好で、接合部分にもあまり石膏が使用されていないようである。粘土の中に小さな粒子が認められるが、子持家形埴輪に比べ、混入粒子は不揃いで大きなものが多い。

付編Ⅱ　西都原古墳群出土子持家形埴輪の調査

東北芸術工科大学　宮本長二郎

①形式と残存度

　復元形式は大形の主屋を中心にして、主屋の4辺中央に小形付属屋が1棟ずつ、計4棟が取り付き、共通の器台部をもつ。主屋は上半部切妻、下半部寄棟とする入母屋造り伏屋式竪穴住居を表現し、寄棟屋根部の4辺中央に、下半の付属屋取付部分に小開口部を設ける。主屋の桁行側面に取り付く2棟の付属屋は方1間、入母屋造平屋建物、梁行側面に取り付く付属屋は方1間、切妻造平屋建物で、いずれも棟方向は主屋と揃える。

　主屋の残存度のよい側面を正面として、正面側（A面）を付属屋a、背面側（B面）を付属屋b、正面に向かって右妻側（C面）を付属屋c、左妻側（D面）を付属屋dとする。破片の残存度は、主屋の正面側と付属屋aが60～70％、主屋の背面側と付属屋b・cが10～20％、付属屋dが0％である。このような破片の残存度からみて、上記のような形式が妥当なものか否か、建物の部位ごとに類例を参考にしつつ、検討を加えることにする。

②主屋

　主屋正面側の破片接合の連続性について、表面と裏面からの観察とX線写真から検討した結果、その復元は妥当なものと判断した。切妻屋根部の表現は強い転び（傾斜角度）をもつ妻面に、幅広の破風を設ける。屋根面は横ハケ仕上げ、寄棟屋根面は草葺きを表す縦ハケ仕上げとして、棟覆帯は刻線で切妻屋根を左右3区に区切る。屋頂には、2本の粘土紐を破風間に平行に引き通して、棟押さえを表現する。

　切妻部と寄棟部の境に太い突帯を巡らせる。この突帯は棟覆下端の納まりを示すものと思われるが、4～5世紀の入母屋造屋根の家形埴輪には、このような突帯を巡らせる例はない。6世紀に普及する入母屋造家では切妻部を寄棟部と分離して、切妻屋根部を寄棟屋根部上に置く形式となり、そのための受台としての突帯が必要となる。本例と同時期の奈良県石見遺跡出土の家形埴輪では、すでに分離入母屋造屋根が成立しており、本例は分離入母屋形発生期の初見例といえる。

　このような突帯形式からみて、主屋屋根部は入母屋造を表現し、したがって伏屋式竪穴住居であることを立証するものといえるが、竪穴住居の家形埴輪は現時点では本例が唯一の例である。

　寄棟部の4辺中央の開口部のうち、両妻面と背面（B面）は推定であり、正面のみその位置と形状を明らかにする破片が存在する。開口部は縦長の長方形で、出入口部分にしては小さく窓のような表現である。4～5世紀の家形埴輪の出入口・窓は実態に近い表現をもつのが一般的であり、本例のような小型縦長の開口部は6世紀の出入口・窓を象徴的に表し、その正面性を示して、1ヵ所のみ、あるいは正背面の2ヵ所に同形の開口部を設けて、どちらをみても正面性を示す形式が通例となる。同時期の類例としては、前出の石見遺跡出土家形埴輪があり、その初見例とみなし得る。したがって、本例の復元は4面中央に開口部を設けてい

るのは誤りであり、正・背面の2ヵ所に開口部を設けるのが妥当と考える。

③付属屋a・b

　主屋側面中央の開口部を取り込んで主屋と接合する形式であるが、構造的に主屋との一体性を示す形式ではなく、個々に独立した建物を合体して表現した形式である。4～5世紀の家形埴輪では、4面を開放的に表現した平屋建物付属屋が数例存在し、本例はそのもっとも新しい例として位置づけができる。家形埴輪としての古式表現は、入母屋造屋根切妻部の棟覆突帯と網代、および開口部の踏込繰形が古式を踏襲する一方、新しい要素は切妻・寄棟部境の突帯、柱形表現の省略に6世紀的な表現がみられる。

　付属屋bは付属屋aに較べて、破片の残存度が少ないが、付属屋a・bは同形式と推定し得る破片を残しているものとして差し支えないであろう。

④付属屋c・d

　付属屋cの残存破片は破風上端部、屋根の頂部と正面側の一部、および正面側開口部の踏込繰形から右側壁面にかけてと、正面側器台部が主屋器台部と連続する箇所、背面側器台隅部のみである。

　器台部が右側面中央に張り出すことから、付属屋cの存在が確認される。また、正面側開口部の高さが付属屋aよりも高いことから、付属屋aとは形式を異にする類似の建物の存在を想定しうるが、切妻造家であることを示す破片はない。ただし、屋頂部の曲率が付属屋aに較べて小さいことや、開口部が高いことから切妻造家と判断される。西都原古墳群第110号墳出土の方1間、切妻造平屋建物に倣って復元したものと考えられ、おおむねその判断は正しいものと思われる。

　付属屋dについては、器台部の両隅のみで、他はすべて付属屋cと同形式に復元されている。この断片は付属屋b・cのものである可能性もあり、本家形埴輪の復元については、子持家形埴輪全体が対称形を意図したものとする前提条件のもとで可能となる。

⑤結語

　以上の観察と考察の結果、本家形埴輪の復元はオリジナル破片の残存度が全体にきわめて低いにもかかわらず、主屋開口部を除いて、ほぼ正確に復元されているものとみてよいであろう。

　様式的には、4～5世紀の古式を残しつつ、6世紀の新しい要素をもつ過渡的な形式を示し、また、大形竪穴主屋と付属屋4棟を合体させて、一つの家敷構えを表現するなど、他に比類のない形式手法に、この埴輪作者の非凡な才能を窺わせる。

　大形竪穴住居遺構は、古墳時代豪族居館の首長住居として全国的に認められるが、弥生・古墳時代を通して首長住居は壁立式と伏屋式の2形式があり、壁立式の大形竪穴住居の方が時代が降るにしたがって普及する傾向にある。壁立式の場合は外観上は平屋建物となり、家形埴輪では竪穴住居と平地住居との区別がつかず、本家形埴輪が唯一の伏屋式家形埴輪であるのは、壁立式が首長居館の主流であったことを示す。

　付属屋は、入母屋造りと切妻造りの2種に分けて首長居館を構成する殿舎群を表現したものと思われる。いわゆる祭殿・祭政殿と称される建物であることは、4面吹放しの表現から窺える。他の家形埴輪の例では、各種のまつりごとの性格に応じて、高床と平屋、規模・形式を様々に使い分けているのに対して、当例は屋根形式の違いのみで、規模・形式を統一し、居館構成を象徴的に表現したものといえる。

子持家(J-34661)〈修理後〉 PL 1

1 全景〔A面〕

2 全景〔B面〕

PL 2　　　　　　　　子持家（J－34661）〈修理後〉

1　全景〔C面〕

2　全景〔D面〕

船 (J-21498) 〈修理後〉　　PL 3

1　全景〔右舷側〕

2　全景〔左舷側〕

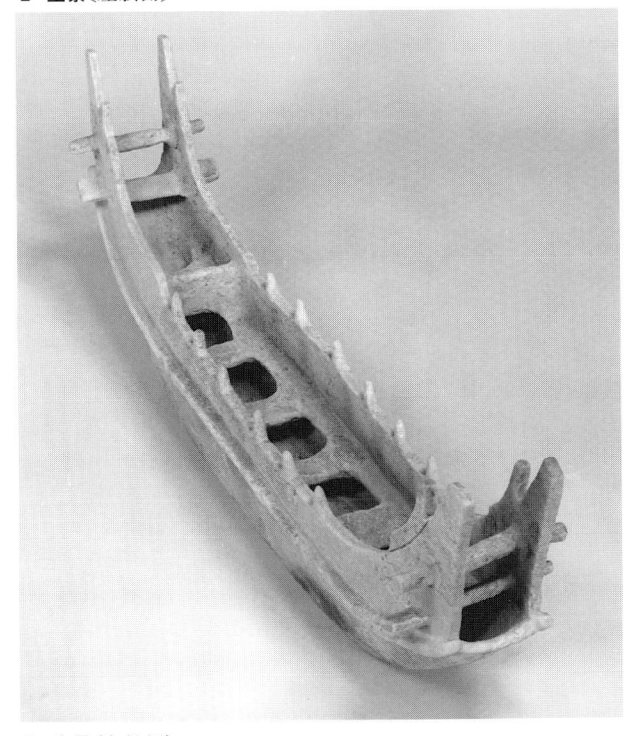

3　全景〔右舷側〕

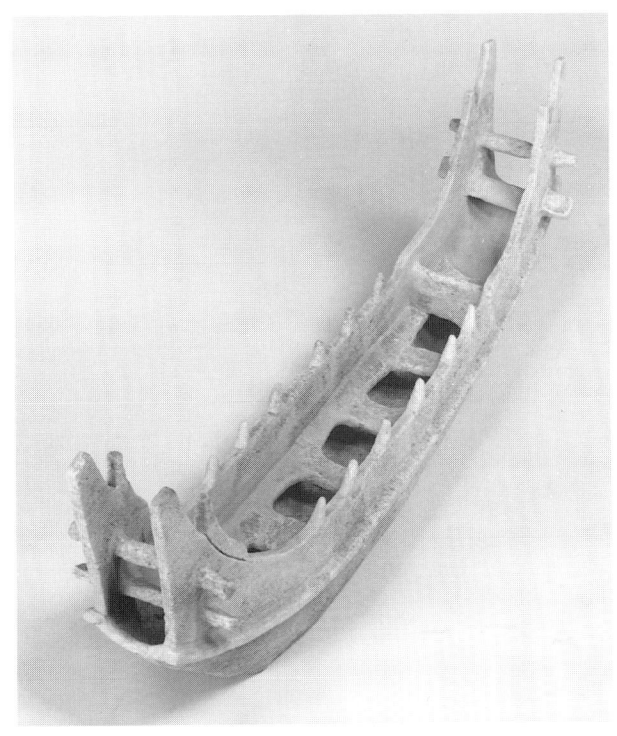

4　全景〔左舷側〕

PL 4　　　　　　　　　船（J-21498）〈修理後〉

1 全景〔右舷側〕

2 全景〔左舷側〕

3 全景〔右舷側〕 　　　　　**4** 全景〔左舷側〕

船 (J-21498) 〈修理後〉　　　PL 5

1　全景〔右舷側〕

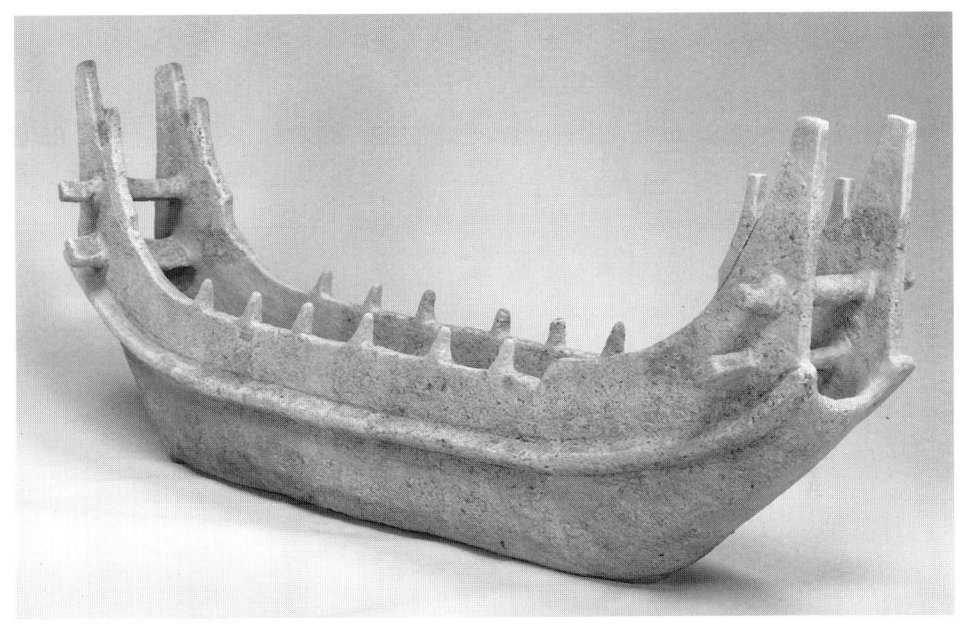

2　全景〔左舷側〕

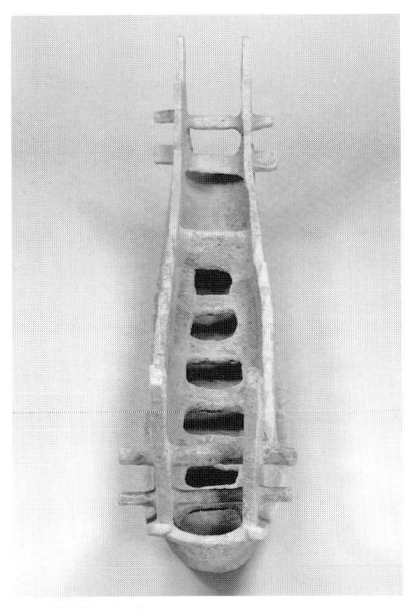

3　全景〔正面〕 　　　4　全景〔正面〕 　　　5　全景〔背面〕

PL 6　　子持家(J−34661)・船(J−21498)〈修理後〉

1 子持家形埴輪〔上面、右：A面〕

2 船形埴輪〔上面〕

子持家（J－34661）〈修理前〉　　PL 7

1　全景〔A面〕

2　全景〔B面〕

PL 8　　　　　　子持家（J－34661）〈修理前〉

1 全景〔C面〕

2 全景〔D面〕

子持家（J－34661）〈修理前〉 PL 9

1 全景〔A・C面〕

2 全景〔A面〕

PL10　　　　　　子持家（J－34661）〈修理前〉

1 全景〔A・C面〕

2 全景〔A・D面〕

3 全景〔B面〕

4 全景〔A・D面〕

5 全景〔B・C面〕

6 全景〔B・D面〕

船（J-21498）〈修理前〉 PL11

1 全景〔右舷側〕

2 全景〔左舷側〕

3 全景〔右舷側〕

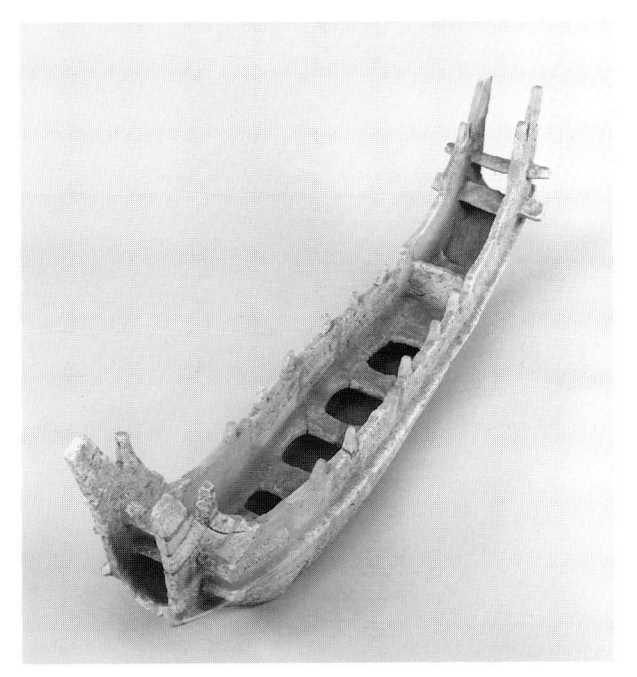

4 全景〔左舷側〕

PL12　　　　船（J－21498）〈修理前〉

1 全景〔右舷側〕

2 全景〔左舷側〕

3 全景〔左舷側〕

4 全景〔右舷側〕

船（J-21498）〈修理前〉 PL13

1 全景〔正面〕
2 全景〔背面〕 
3 全景〔正面〕 
4 全景〔背面〕 
5 全景〔左舷側〕 
6 全景〔上面〕

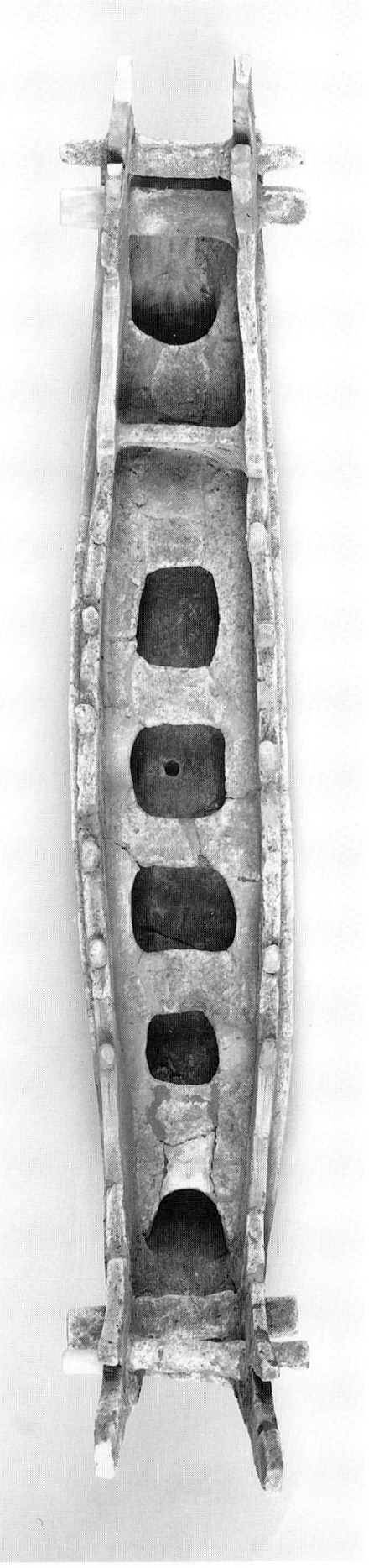

PL14　子持家（J-34661）〈解体中〉

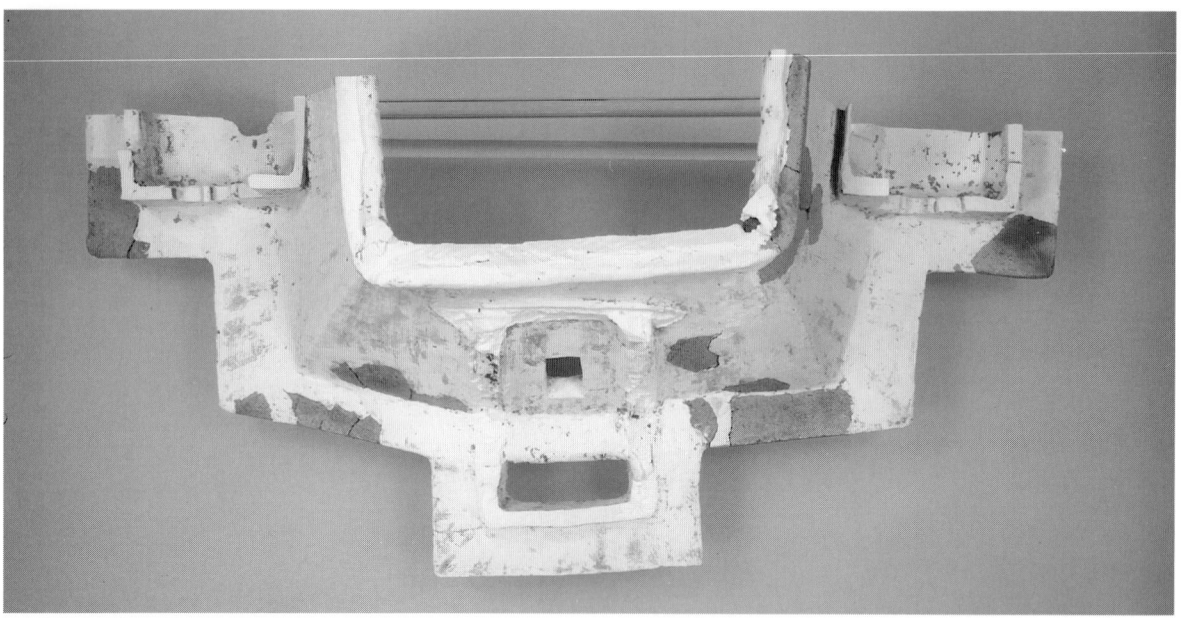

1　全景〔B面〕

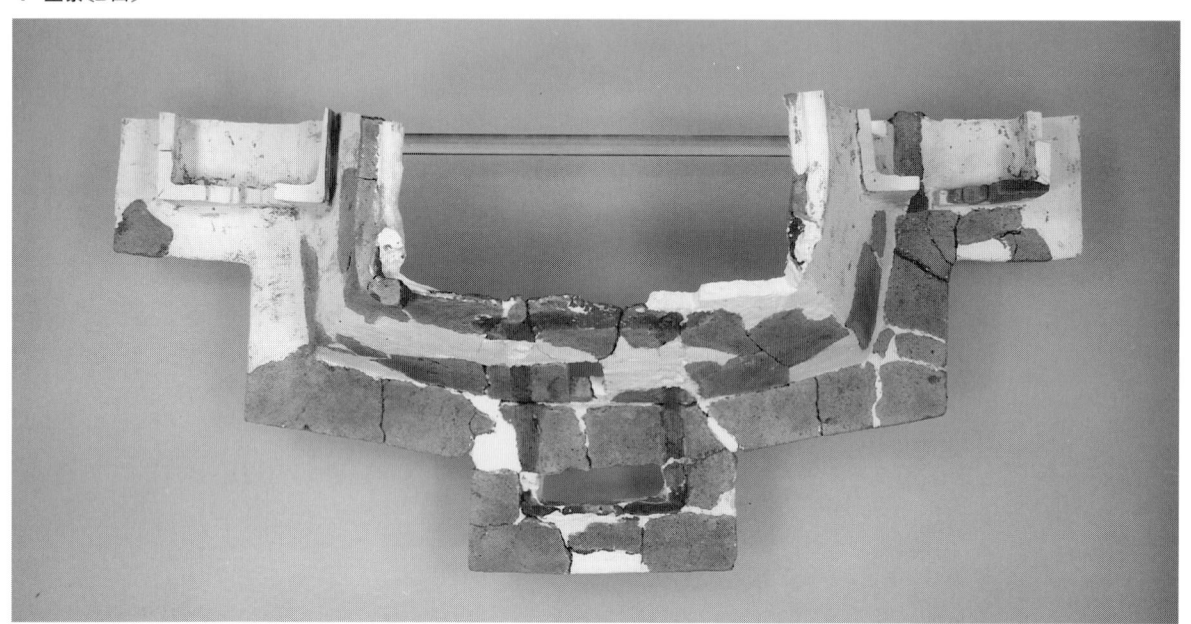

2　全景〔A面〕

3　全景〔A面側下面〕

子持家（J-34661）〈解体中〉　　PL15

1　切妻屋根部〔A面内面〕

2　寄棟部〔A面内面〕

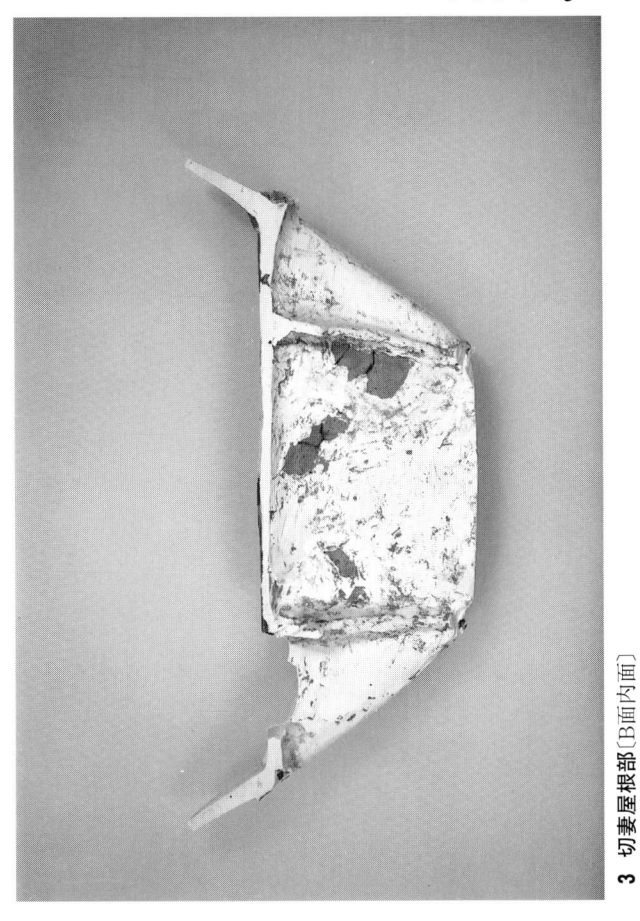

3　切妻屋根部〔B面内面〕

4　寄棟部〔B面内面〕

PL16　　　　　　　　　子持家（J－34661）〈解体中〉

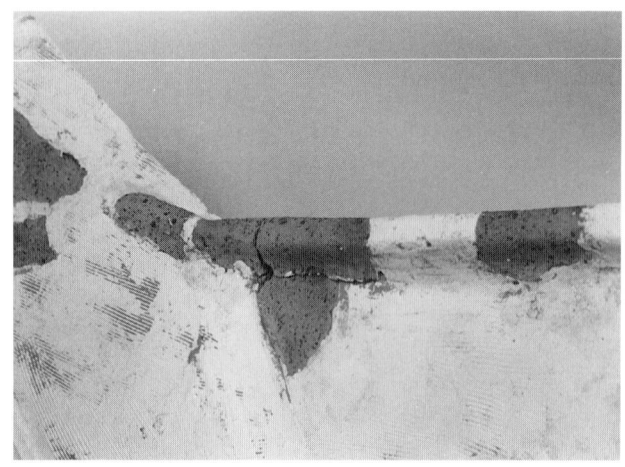

1 切妻屋根部　大棟〔B面〕

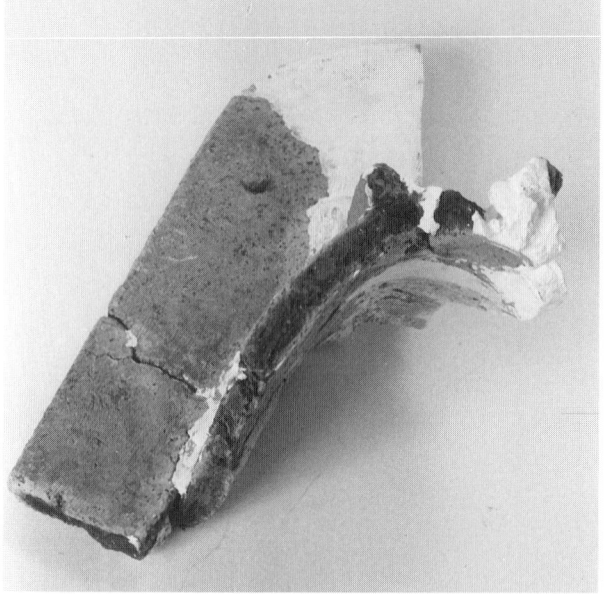

2 切妻屋根部　上半部〔A面〕

3 切妻屋根部　D面破風上半部〔背面〕

4 切妻屋根部　D面破風上半部〔A面下面〕

5 切妻屋根部　C面破風〔背面〕

6 切妻屋根部　細部〔C面下面〕

7 切妻屋根部　基部突帯〔A面〕

子持家（J－34661）〈解体中〉　　　　　　　　　　　　　　　PL17

1 切妻屋根部　妻壁接合部〔A面　D側内面〕

2 寄棟部　付属屋a〔A面接合部細部〕

3 寄棟部　下半部〔A面　AC隅〕

4 寄棟部　下半部〔A面　AD隅〕

PL18　子持家（J－34661）〈解体中〉

1　付属屋a 付属器台部〔下面〕

2　付属屋a 付属器台部細部〔下面〕

3　器台部〔A面 AD隅下面〕

4　器台部〔A面 AD隅下面〕

5　器台部 細部〔A面 AD隅内面〕

6　器台・基部〔B面 D側下面〕

7　器台・基部〔B面 C側下面〕

8　器台・基部〔A面 C側下面〕

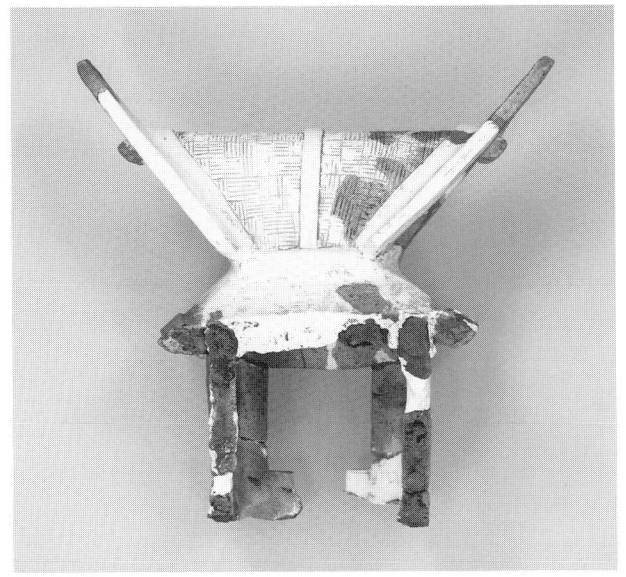

子持家(J-34661)〈解体中〉　　　　PL19

1 付属屋a〔背面〕

3 付属屋b〔背面〕

2 付属屋a〔下面〕

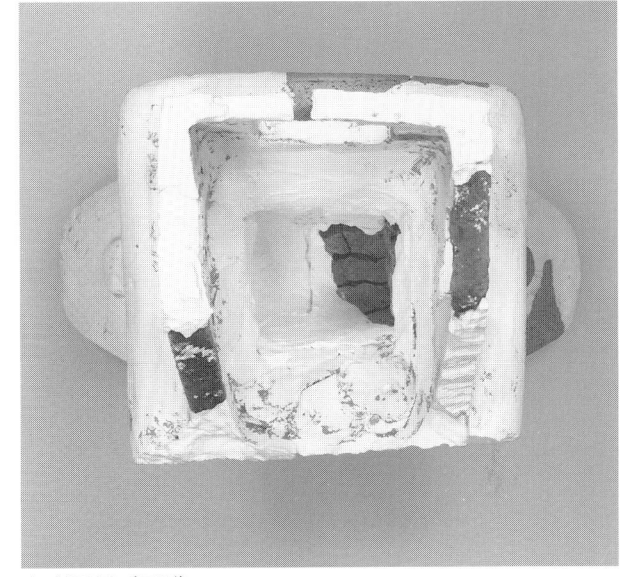

4 付属屋b〔下面〕

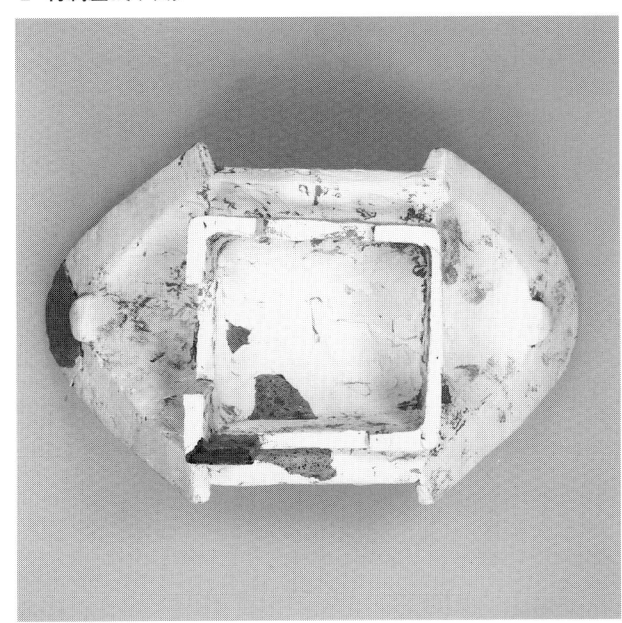

5 付属屋c〔内面〕

6 付属屋d〔内面〕

PL20　　　　　　子持家（J-34661）〈解体中〉

1　付属屋a 切妻部〔D面〕

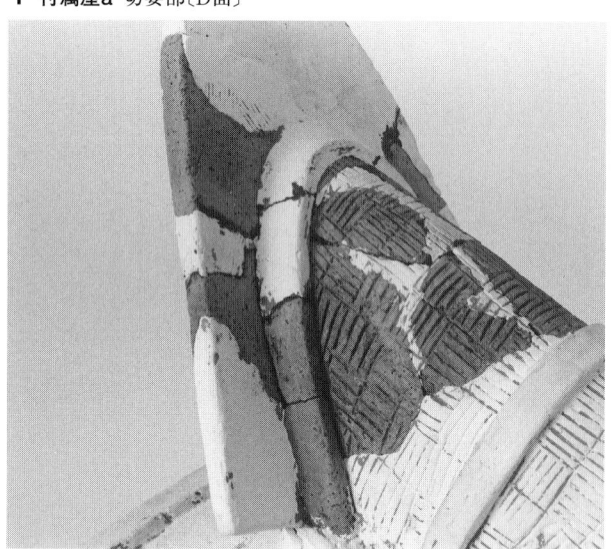

2　付属屋a 切妻屋根部〔上面〕

3　付属屋a 寄棟部〔上面〕

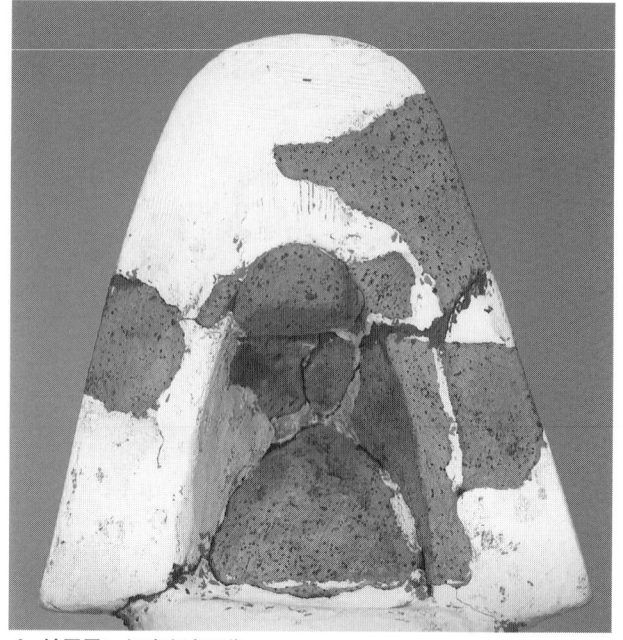

4　付属屋b 切妻部〔D面〕

5　付属屋a 壁部〔背面〕

6　付属屋a 壁部〔内面〕

船（J−21498）〈解体中〉　　PL21

1　全景〔内面〕

PL22　船（J-21498）〈解体中〉

1 底部〔底面〕

2 船板部　隔壁隣接部分〔下面・舷側板部断面〕

3 隔壁部〔正面・舷側板部断面〕

4 隔壁部〔背面・舷側板部断面〕

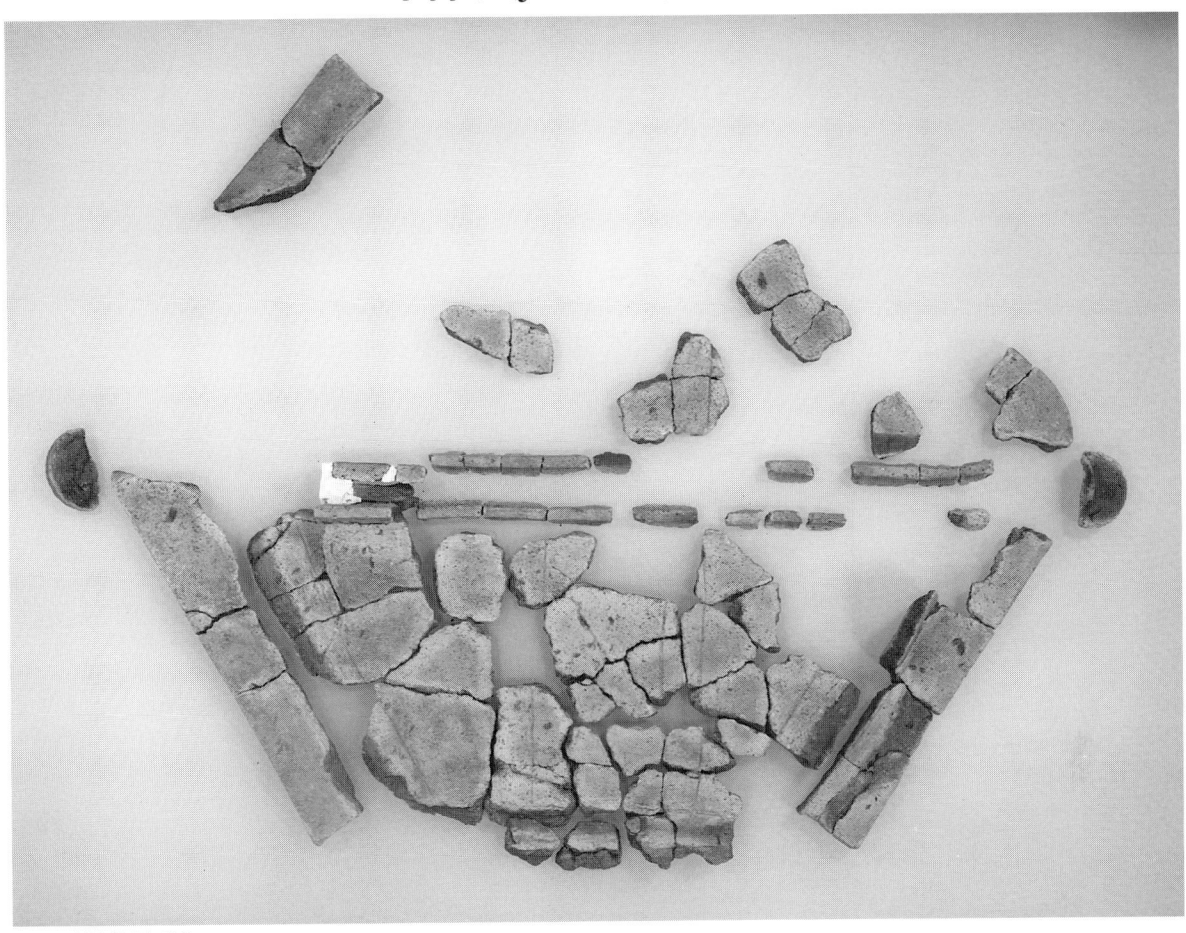

子持家（J-34661）〈解体中〉　PL23

1　切妻屋根部　破片

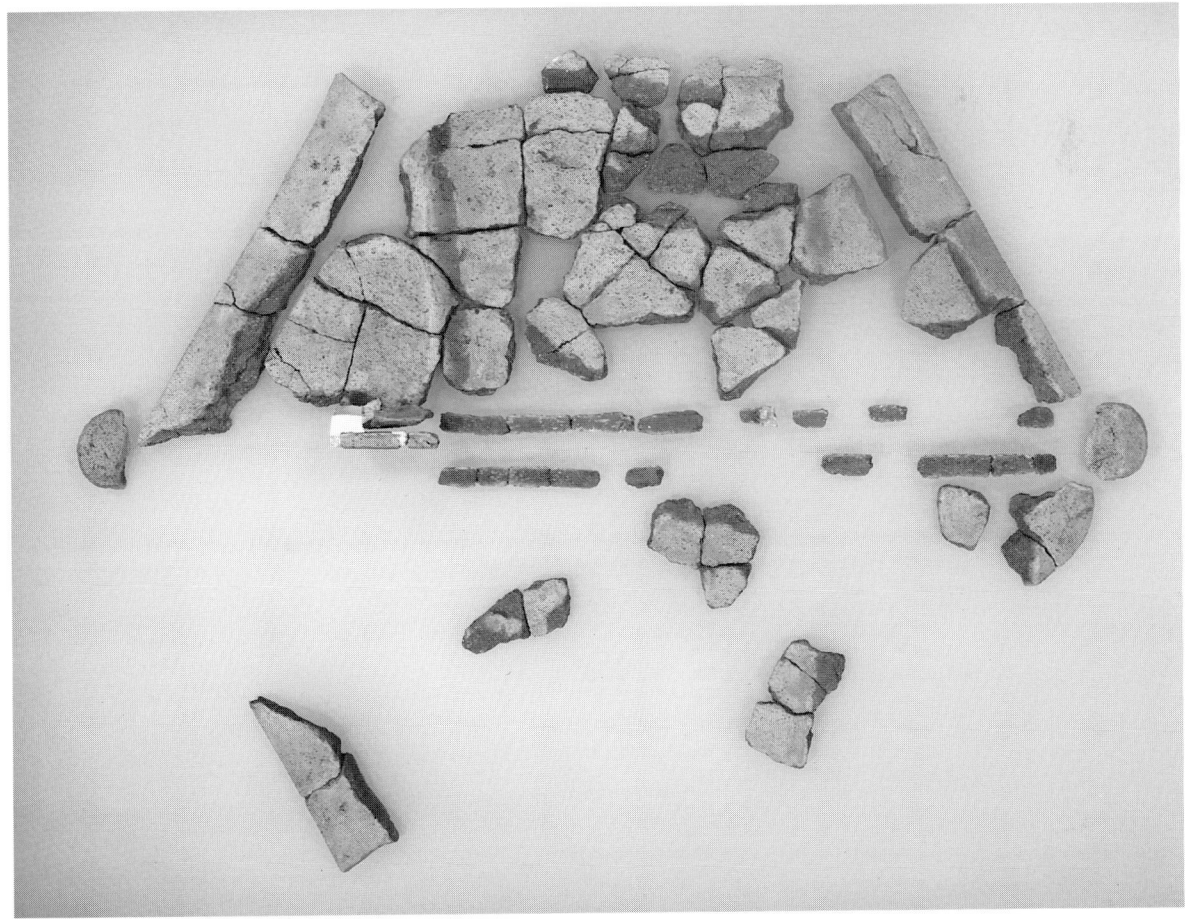

2　切妻屋根部　破片〔内面〕

PL24　子持家（J-34661）〈解体中〉

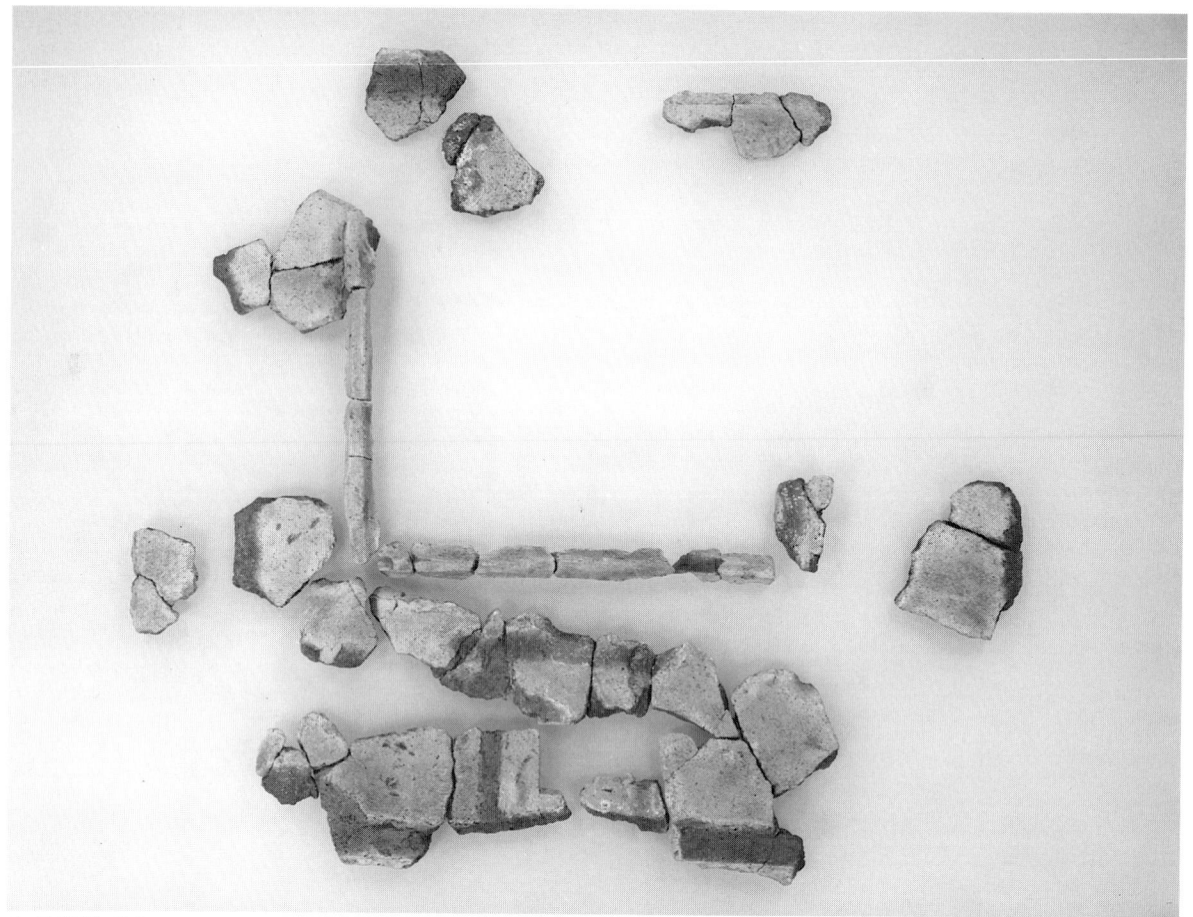

1 寄棟部 破片

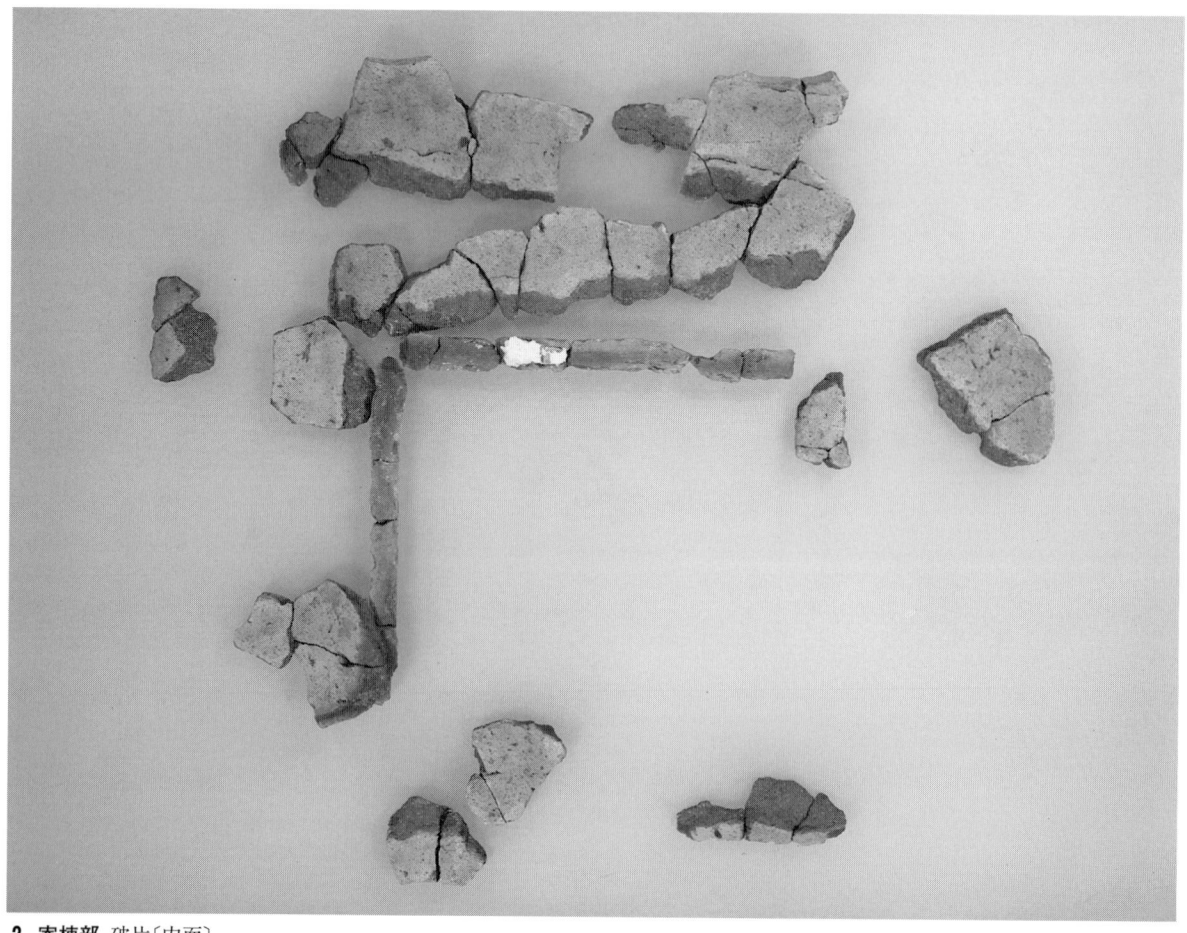

2 寄棟部 破片〔内面〕

子持家（J－34661）〈解体中〉　　　PL25

1 器台部・基部 破片〔上面〕

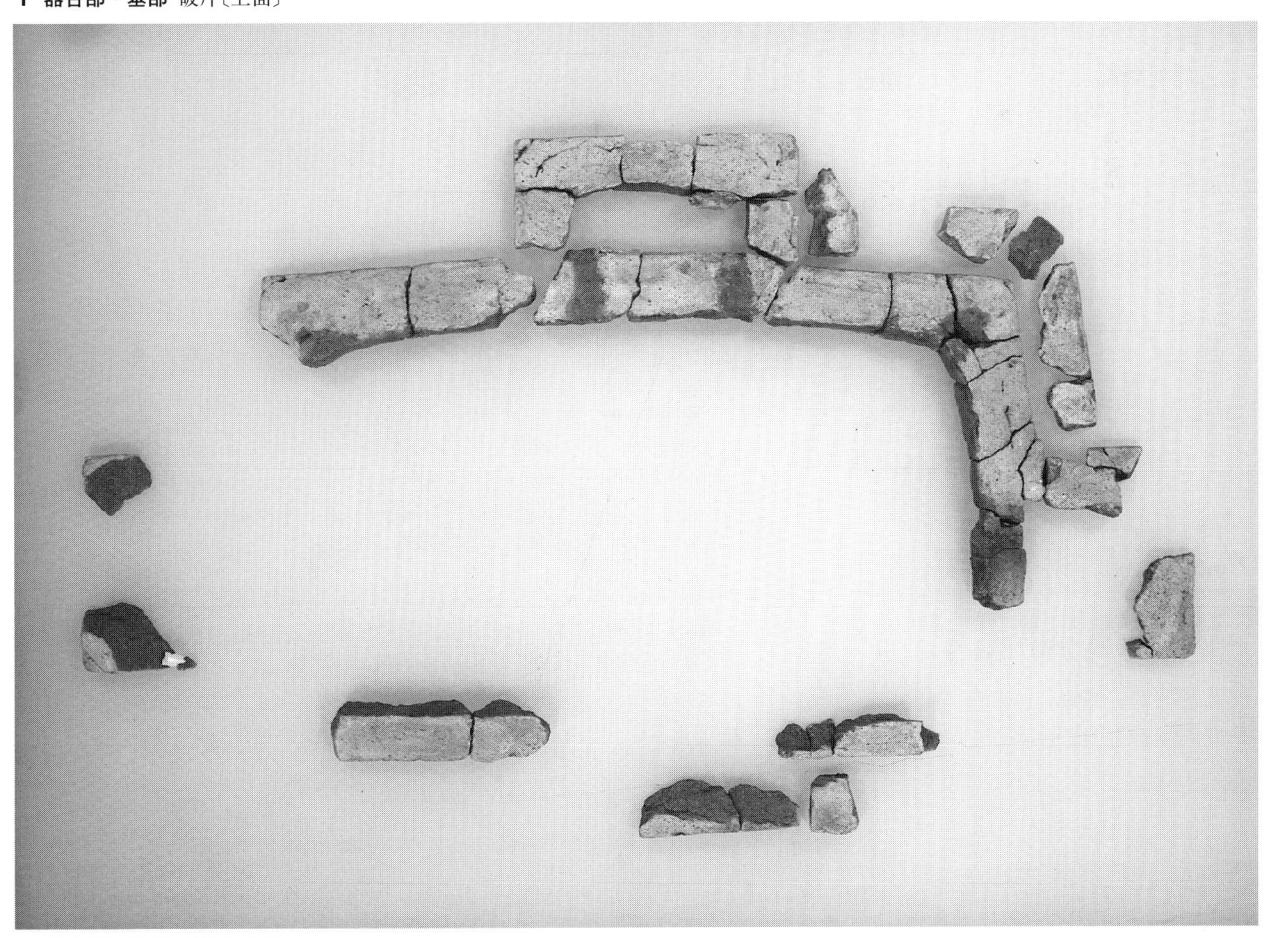

2 器台部・基部 破片〔下面〕

PL26　　　　　　子持家(J-34661)〈解体中〉

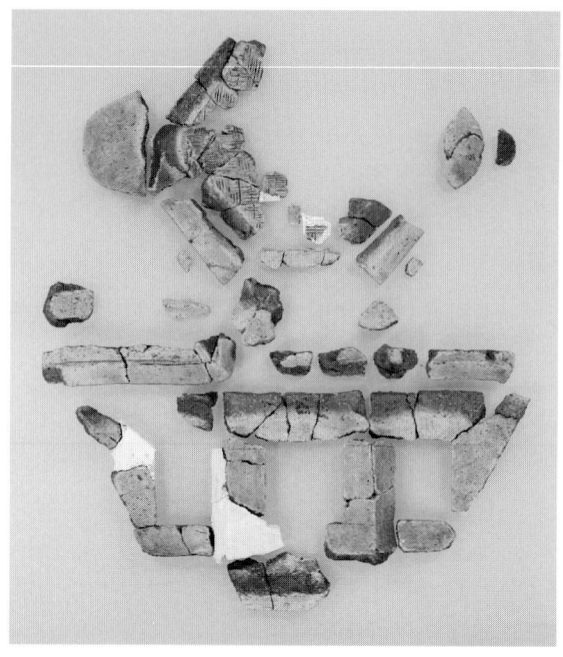

1 付属屋a 破片　　　　　　　　**2** 付属屋a 破片〔内面〕

3 付属屋b 破片　　　　　　　　**4** 付属屋b 破片〔内面〕

5 付属屋c 破片　　　　　　　　**6** 付属屋c 破片〔内面〕

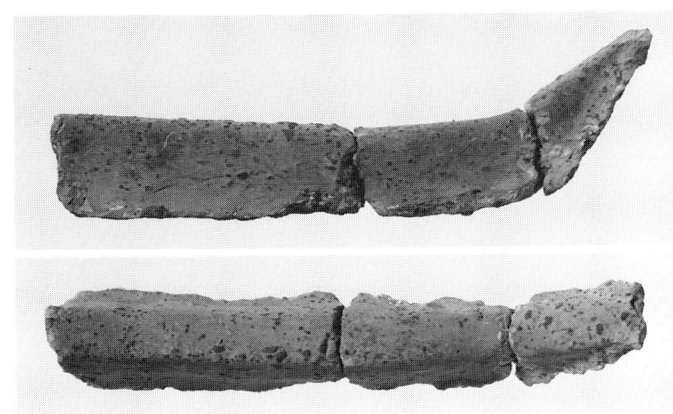

子持家(J-34661)〈解体中〉　PL27

1 切妻屋根部　大棟先端部分〔B面 C側〕

2 切妻屋根部　大棟先端部分〔B面 C側内面〕・屋根部〔B面〕

3 切妻屋根部　C面破風

4 切妻屋根部　C面破風〔背面〕

5 切妻屋根部　棟先〔C面〕

6 切妻屋根部　棟先〔C面内面〕

7 切妻屋根部　棟先〔D面〕

8 切妻屋根部　棟先〔D面内面〕

PL28　子持家（J-34661）〈解体中〉

1 切妻屋根部　D面破風〔A側　左：背面、右：正面〕

2 切妻屋根部　C面破風〔A側　左：正面、右：背面〕

3 切妻屋根部　C面破風接合部〔A側〕

4 切妻屋根部　C面破風接合部〔A側〕

5 切妻屋根部　D面破風〔B側　左：正面、右：背面〕

子持家（J-34661）〈解体中〉　　　　　　　　　　　　　　　　　PL29

1 切妻屋根部　細部〔A面　D側〕

2 切妻屋根部　細部〔A面　C側〕

3 切妻屋根部　細部〔A面　C側内面〕

4 切妻屋根部　細部〔A面　D側内面〕

PL30　　　　　　　　　子持家（J-34661）〈解体中〉

1 寄棟部　裾廻突帯〔D面〕

2 寄棟部　裾廻突帯〔D面内面〕

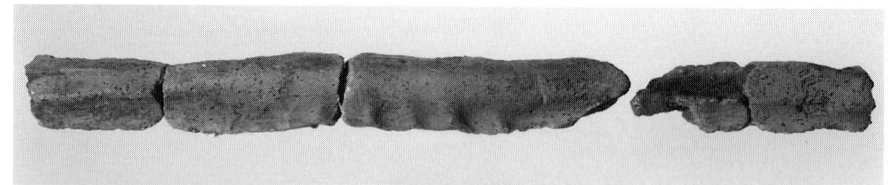

3 切妻屋根部　基部突帯〔A面〕

4 切妻屋根部　基部突帯〔A面内面〕

5 切妻屋根部　基部突帯〔A面〕

6 切妻屋根部　破風剥離部分〔A面　D側〕

子持家（J-34661）〈解体中〉 PL31

1 寄棟部 細部〔A面 D側〕

2 寄棟部 細部〔A面 C側〕

3 寄棟部 細部〔A面 C側内面〕

4 寄棟部 細部〔A面 D側内面〕

5 寄棟部・基部 細部〔A面 C側内面〕

6 寄棟部 器台接合部〔A面 C側〕

PL32　　　　　　　子持家（J-34661）〈解体中〉

1　付属器台部　付属屋a部分〔A面〕

2　付属器台部　付属屋a部分〔A面　下面〕

3　器台部　付属屋a部分〔A面〕

4　器台部　付属屋a部分〔A面　下面〕

5　器台部　細部〔C面〕

6　器台部　細部〔C面　下面〕

7　器台部　細部〔AD隅〕

8　器台部　細部〔AD隅　下面〕

9　器台部　細部〔A面断面〕

10　器台部　亀裂細部〔A面　C側〕

11　器台部　亀裂細部〔A面　C側下面〕

子持家 (J-34661) 〈解体中〉　PL33

1　付属器台部　細部〔C・D面〕
2　付属器台部　細部〔C・D面　下面〕 
3　器台部　細部〔B面〕 
4　器台部　細部〔B面下面〕 
5　基部　細部〔AC隅　下面〕 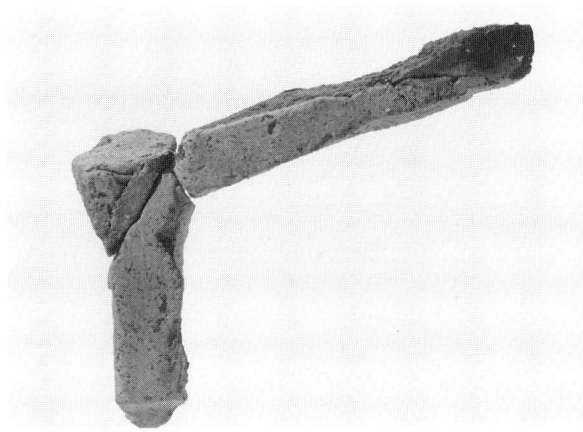
6　基部　細部〔B面〕 
7　基部　付属屋a部分 
8　基部　補強突帯　剥離部分〔B面〕 
9　付属屋a壁部　前壁 
10　付属屋a壁部　前壁〔内面〕 
11　付属屋a壁部　補強突帯

PL34　子持家（J-34661）〈解体中〉

1 付属屋a屋根部　網代部分

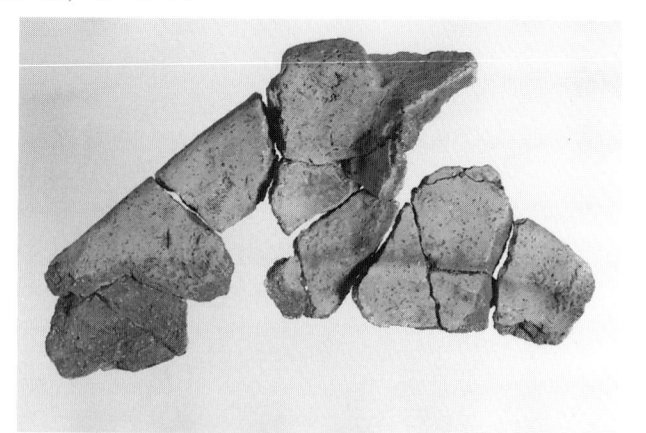

2 付属屋a屋根部　網代部分〔内面〕

3 付属屋a屋根部　軒先

4 付属屋a屋根部　軒先〔内面〕

5 付属屋a壁部　前壁細部

6 付属屋a壁部　前壁細部〔内面〕

7 付属屋a壁部　C面側壁細部

8 付属屋a壁部　C面側壁細部〔内面〕

9 付属屋a壁部　前壁・C面側壁

10 付属屋a壁部　前壁・C面側壁〔内面〕

子持家（J－34661）〈解体中〉　PL35

1　付属家b屋根部　網代

2　付属家b屋根部　網代〔内面〕

3　付属家b屋根部　C面棟先〔下面〕

4　付属家b屋根部　D面妻壁

5　付属家b屋根部　D面妻壁〔内面〕

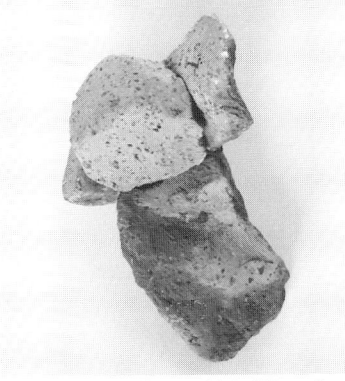

6　付属家b屋根部　C面棟先〔斜下面〕

7　付属家b屋根部　軒先〔主屋側〕

8　付属家b屋根部　軒先〔主屋側裏面〕

9　付属家b壁部　細部〔C面〕

10　付属家b壁部　細部〔C面内面〕

11　付属家b基部　補強突帯〔下面〕

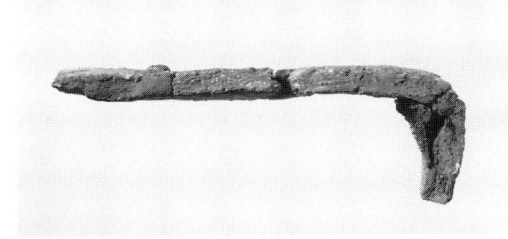

12　付属家a壁部　前壁〔左：AC隅、右：AC隅斜内面〕

13　付属家b基部　補強突帯〔C面側〕

PL36　　　　　　　　　子持家（J-34661）〈解体中〉

1 付属屋c屋根部　C面破風

2 付属屋c屋根部　C面破風〔背面〕

3 付属屋c屋根部　頂部

4 付属屋c屋根部　頂部〔内面〕

5 付属屋c壁部　A面側壁細部

6 付属屋c壁部　A面側壁細部〔内面〕

7 付属屋c屋根部　棟先細部〔A面〕

8 付属屋c屋根部　棟先細部〔A面 内面〕

9 付属屋a壁部〔D面〕

10 付属屋a壁部〔D面 内面〕

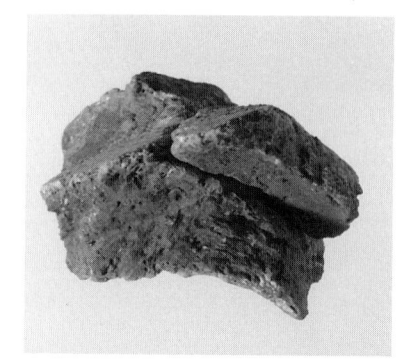

11 付属屋a屋根部　降棟部分〔AD隅〕

12 付属屋a屋根部　降棟部分〔AD隅 下面〕

— 108 —

船（J－21498）〈解体中〉　　　　　　　　PL37

1　舳先部　細部〔左舷側〕
2　舳先部　細部〔左舷側内面〕 
3　舳先部　細部〔右舷側〕 
4　舳先部　細部〔右舷側内面〕 
5　艫部　細部〔左舷側〕 
6　艫部　細部〔左舷側内面〕

PL38　船（J-21498）〈解体中〉

1　飾り板部　細部〔左舷側艫部〕

2　飾り板部　細部〔左舷側艫部内面〕

3　隔壁部・船板部　細部〔左舷側内面〕

4　隔壁部・舷側板部　細部〔左舷側内面〕

5　舷側板部　細部〔右舷側〕

6　舷側板部　細部〔右舷側内面〕

7　舷側板部　細部〔左舷側〕

8　舷側板部　細部〔左舷側内面〕

船（J-21498）〈解体中〉　　　　　　　　　　　　　　　PL39

1　船底部　舳先部

2　船底部　舳先部〔内面〕

3　船底部　中央部分

4　船底部　中央部分〔内面〕

5　船底部　艫部

6　船底部　艫部

PL40　　　　船（J－21498）〈解体中〉

1　船板部　舳先部先端部分
2　船板部　舳先部先端部分〔内面〕 
3　船板部　中央前半部分
4　船板部　中央前半部分〔内面〕 
5　船板部　中央後半部分
6　船板部　中央後半部分〔内面〕  
7　船板部　艫部側後端部分
8　船板部　艫部側後端部分〔内面〕
9　船底部　艫部〔内面〕
10　棒状貫部分〔艫部中央部分〕
11　棒状・板状貫部分〔左舷側面〕
12　棒状・板状貫部分〔左舷側面〕 
13　棒状・板状貫部分〔右舷側面突起〕

― 112 ―

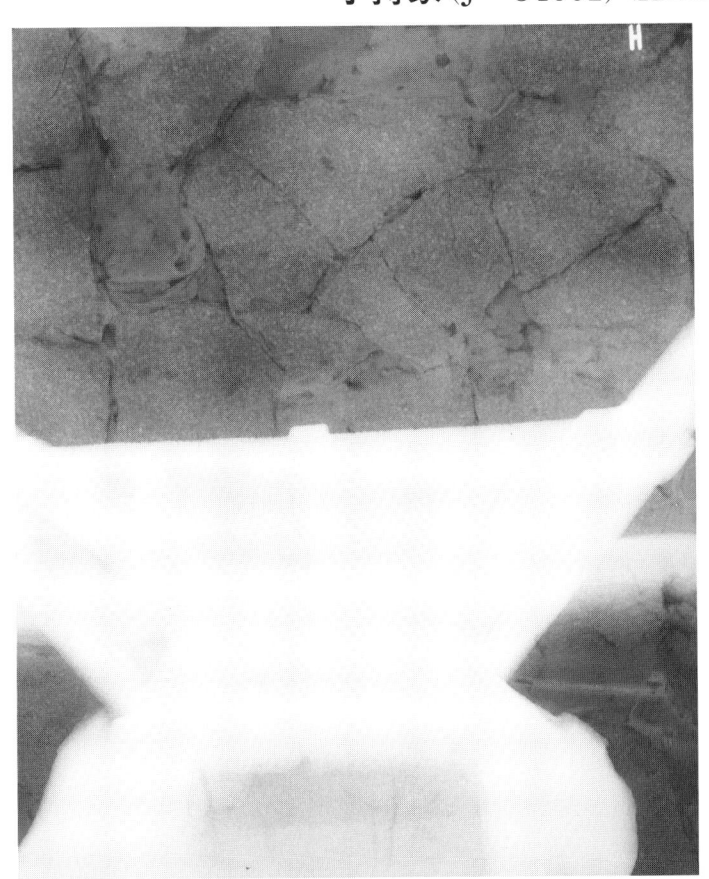

子持家（J-34661）〈X線透過撮影〉〈修理前〉　　PL41

1　切妻屋根部〔A面〕

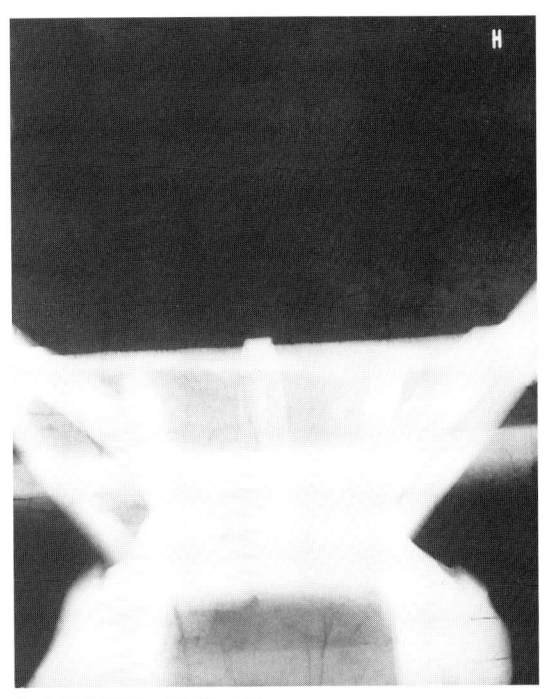

2　切妻屋根部〔B面〕

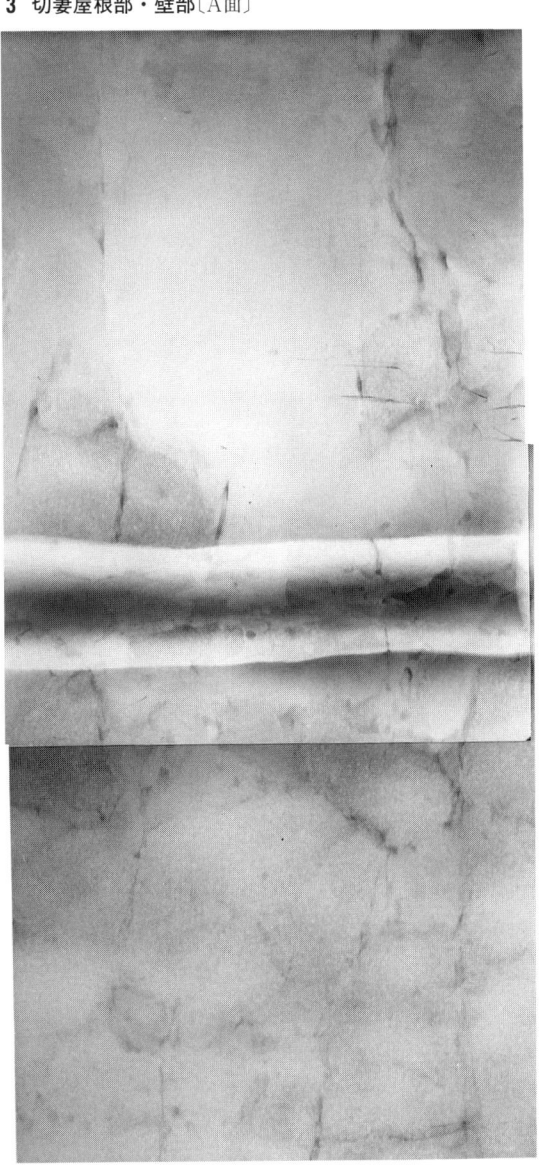

3　切妻屋根部・壁部〔A面〕

4　切妻屋根部〔A・B面〕

PL42　子持家(J-34661)・船(J-21498)〈X線透過撮影〉〈修理前〉

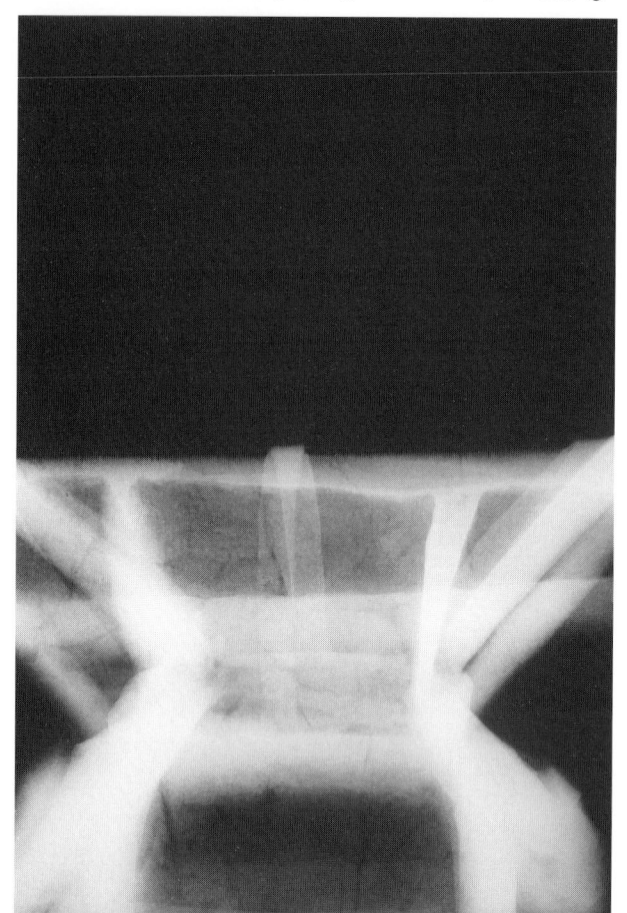

1　付属屋a

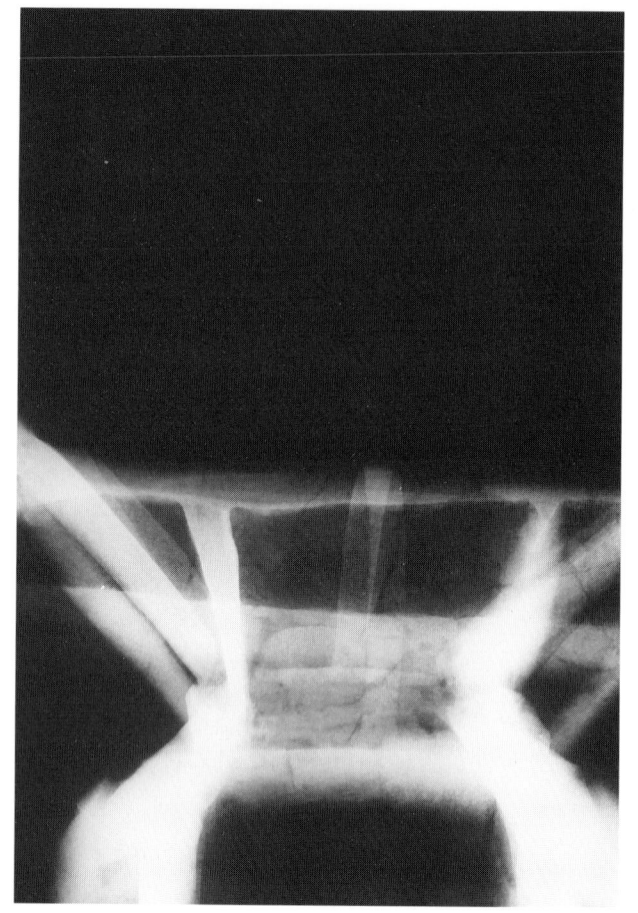

2　付属屋a

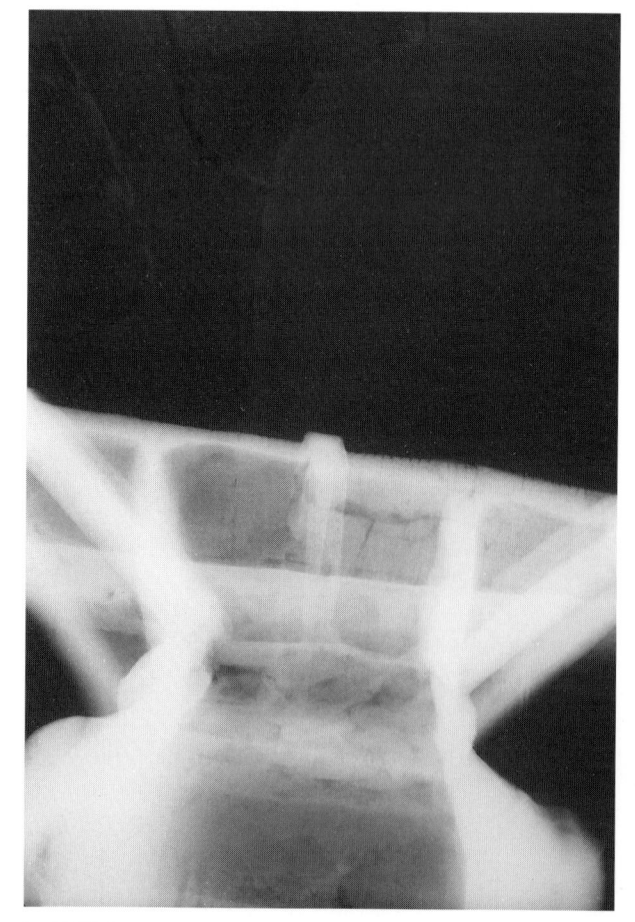

3　付属屋b

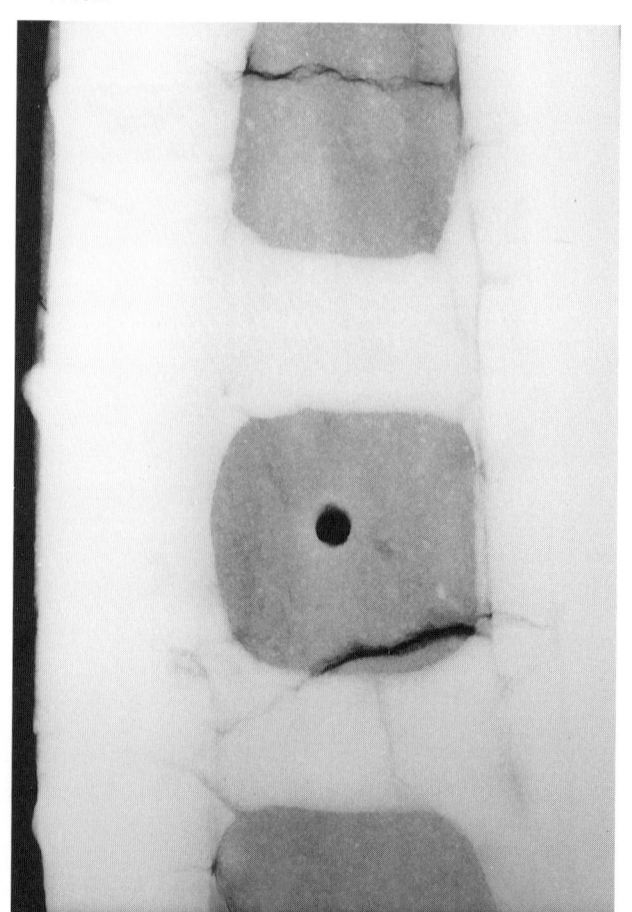

4　船底部

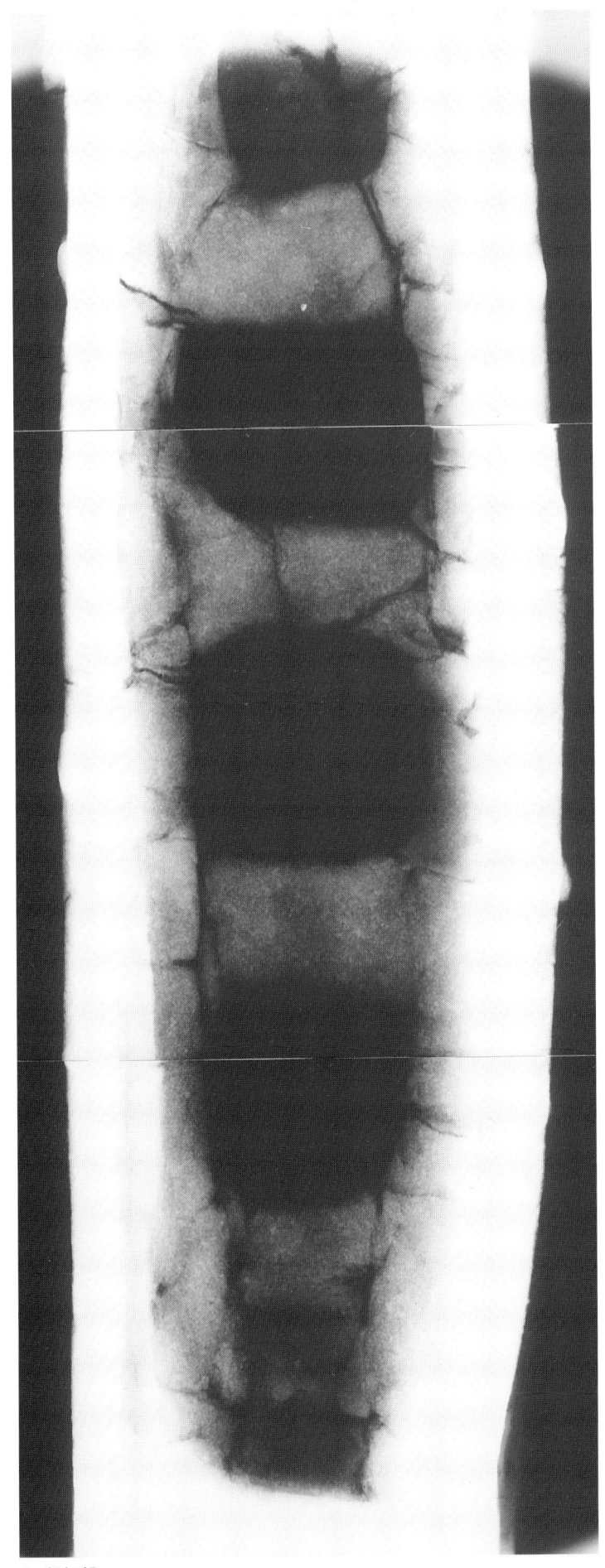

船 (J-21498) 〈X線透過撮影〉〈修理前〉 PL43

1 船板部

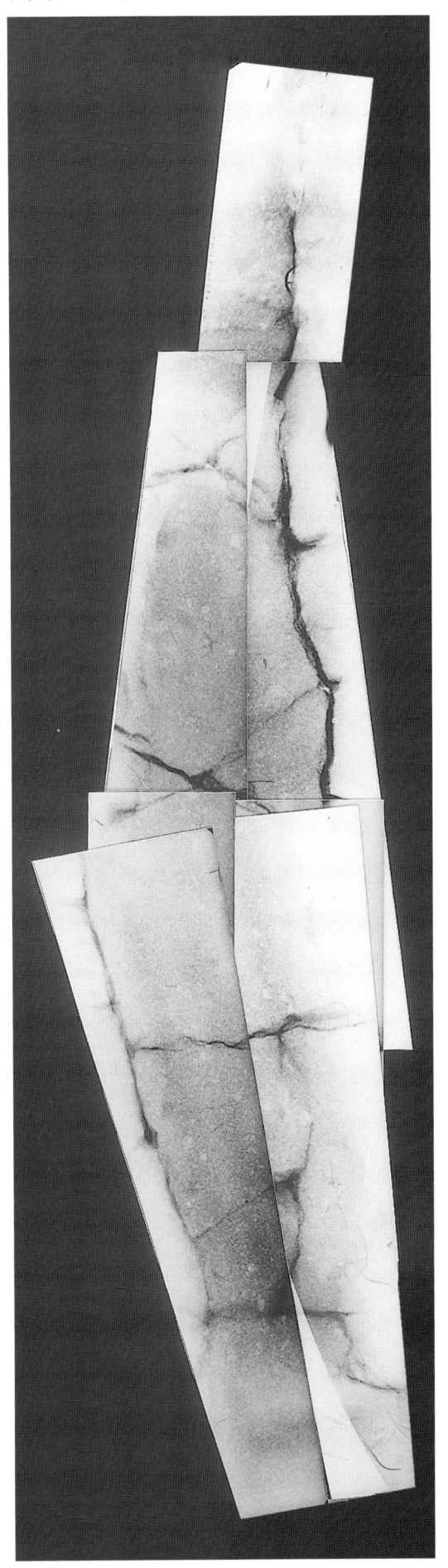

2 船底部

PL44　　　切妻家（J－34662）〈修理後〉

1　全景〔A・C面〕

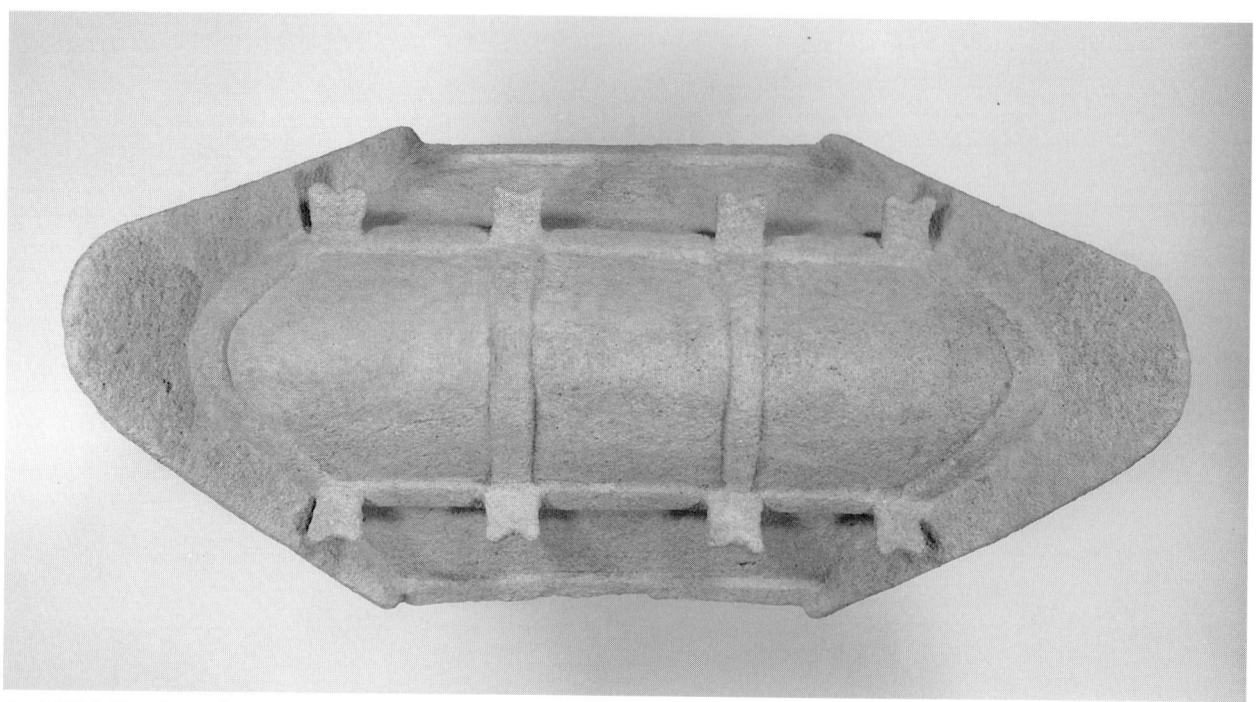

2　全景〔上面、下：A面〕

切妻家（J-34662）〈修理後〉　　PL45

1　全景〔A面〕

2　全景〔C面〕

4　全景〔B面〕

3　全景〔D面〕

5　全景〔A面〕〈修理前〉

PL46　切妻家（J－34662）〈修理前〉

1　全景〔A・D面〕

2　全景〔A面〕

3　全景〔B面〕

4　全景〔A・C面〕

5　全景〔C面〕

6　全景〔D面〕

切妻家（J-34662）〈解体中〉 PL47

1 屋根部

2 屋根部〔内面〕

3 壁部〔A面〕

4 壁部〔A面内面〕

5 壁部〔D面〕

6 壁部〔D面内面〕

7 壁部〔C面〕

8 壁部〔C面内面〕

PL48　　　　　高床家（J－34664）〈修理後〉

1　全景〔A・C面〕

2　屋根部〔上面、下：A面〕

高床家（J-34664）〈修理後〉　　　　　　　　　　　PL49

1 全景〔A面〕

2 全景〔B面〕

3 全景〔C面〕

4 全景〔D面〕

PL50　　　　　高床家（J－34664）〈修理前〉

1 全景〔A面〕

2 全景〔A面〕

3 全景〔B面〕

4 全景〔A・C面〕

5 全景〔D面〕

6 全景〔C面〕

高床家（J-34664）〈解体中〉 PL51

1 屋根部・壁部〔A面〕

2 壁部〔B面〕

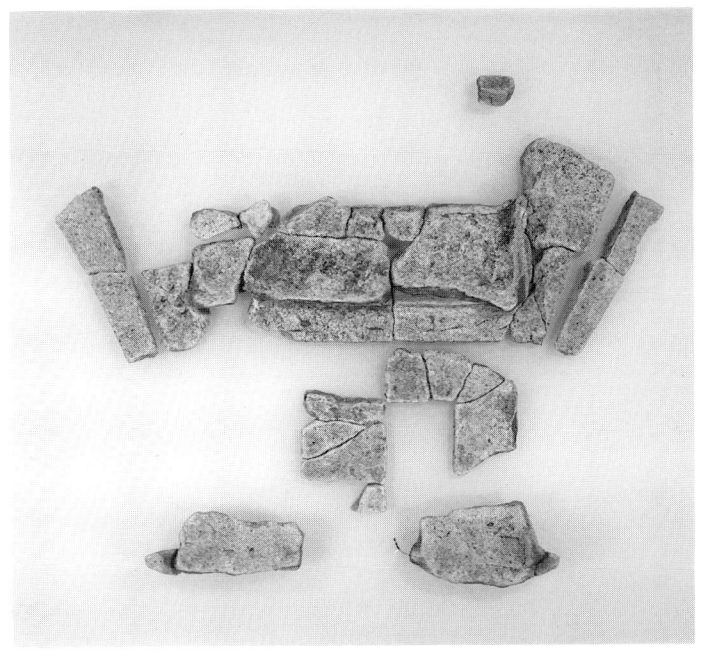

3 屋根部・壁部〔A面内面〕

4 壁部〔B面内面〕

5 壁部〔左：D面、右：C面〕

6 壁部〔左：C面内面、右：D面内面〕

PL52　　　　　　　　切妻家（J－34663）〈修理後〉

1　全景〔A・D面〕

2　全景〔上面、下：C面〕

— 124 —

切妻家（J-34663）〈修理後〉　PL53

1　全景〔C面〕

2　全景〔D面〕

3　全景〔A・C面〕

4　全景〔A面〕

5　全景〔B面〕

PL54 切妻家（J－34663）〈修理前〉

1 全景〔A・C面〕

2 全景〔C面〕

3 全景〔D面〕

4 全景〔C面〕

5 全景〔A面〕

6 全景〔B面〕

切妻家（J-34663）〈解体中〉　　　　　　　　PL55

1　屋根部

2　屋根部〔内面〕

3　壁部〔C面〕

4　壁部〔C面内面〕

5　壁部〔D面〕

6　壁部〔D面内面〕

PL56　　　　　切妻家（J-34663）〈解体中〉

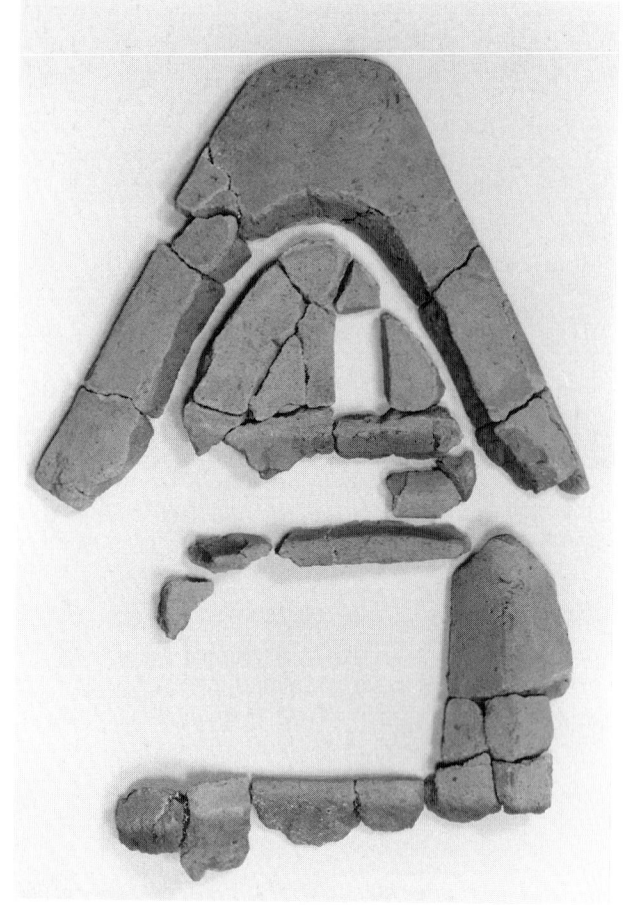

1 破風・妻壁・壁部〔A面〕

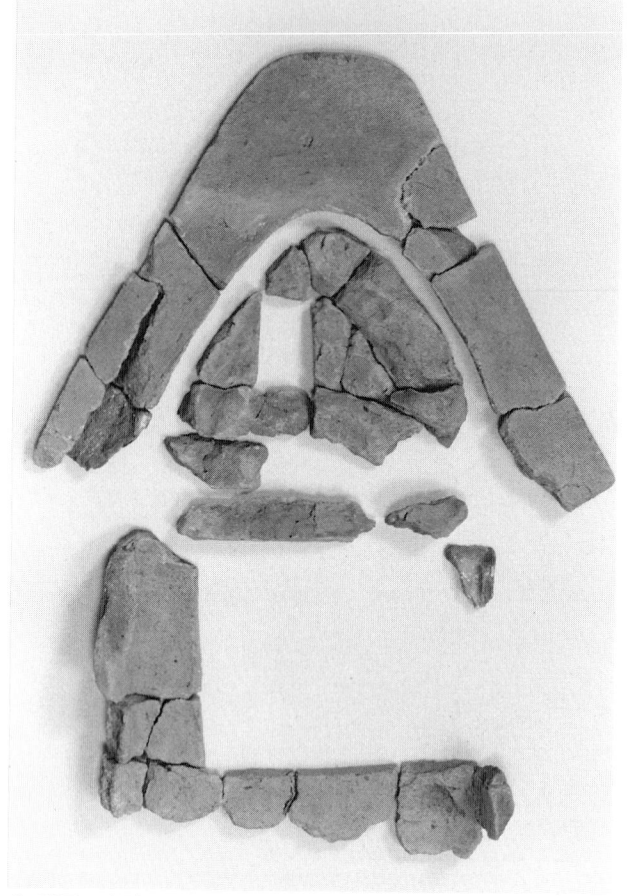

2 破風・妻壁・壁部〔A面内面〕

3 破風・妻壁・壁部〔B面〕

4 破風・妻壁・壁部〔B面内面〕

東京国立博物館所蔵 重要考古資料学術調査報告書
重要文化財 西都原古墳群出土(さいとばるこふんぐんしゅつど) 埴輪(はにわ) 子持家(こもちいえ)・船(ふね)

2005年5月30日発行

編　集　東京国立博物館
発行者　山　脇　洋　亮
印　刷　亜細亜印刷㈱

発行所　東京都千代田区飯田橋　㈱同成社
　　　　4-4-8 東京中央ビル内
　　　　TEL 03-3239-1467　振替 00140-0-20618

Ⓒ Tokyo National Museum 2005. Printed in Japan
ISBN4-88621-324-3　C3021